藤井雅子

人はなぜ怒るのか

GS 幻冬舎新書 114

まえがき

最近、社会全体が怒りに満ちていると感じるのは私だけでしょうか。

三十年近く前、当時二十歳の男性が両親を金属バットで殴り殺すという事件が起こり社会に衝撃を与えましたが、今日報道されている殺人事件をみると、親子、兄弟姉妹、夫婦、親戚の間で、さらには一家全員皆殺しにしたり、殺害後切り刻んだりと、当時は考えられなかった凶悪事件が珍しくなくなってしまった感があります。

また、「誰でもよかった」と、まるで社会に復讐するかのような無差別通り魔事件があちこちで起きるようにもなりました。

大きな事件にまでは至らなくても、些細なことですぐにキレてしまう人、悪質なクレーマーや、モンスター・ペアレント（学校に対して自己中心的で理不尽な要求をくり返す保護者）、モンスター・ペイシェント（医療従事者や医療機関に対して自己中心的で理不尽な要求、暴言・暴力をくり返す患者ら）など、異常な要求を突きつける人たちも増えてきています。

都心の通勤電車に乗ってみれば、不機嫌そうな顔だらけです。いつのまにか、日本全国がイライラ病にかかってしまったかのようにさえ思います。

私は普段、心理カウンセラーとしてカウンセリングをしていますが、二、三年前から相談内容に「怒り」を感じることが多くなりました。また、カウンセリング以外にも、こうした執筆の他、セミナー講師なども行いますが、最近は、セミナーでも「怒りの対処法」や「怒りのコントロール」など「怒り」をテーマにするととても反応がいいと感じています。

カウンセリングに来る相談者のなかには自覚のない方も多いのですが、セミナーは自発的に申し込むタイプのものなので、「怒り」の扱いに苦労している人が相当多いということでしょう。

実際、「怒り」をテーマにしたセミナーは、グループでの話し合いや質疑応答がとても盛り上がります。

今回、この本でお伝えしたいのは、怒りは「自分の工夫で軽減できる」ということです。

そのために、まず怒りのしくみを知り、複数の対処法を知り、そして、状況に応じた対処法を自分の責任で選ぶことを習慣づけていく方法を提示します。

私自身、心理の勉強をしていくなかでこれらのことを実践し、怒りが激減しました。また、イライラが減ったために、毎日がとても機嫌よく過ごせるようになりました。

イライラが減ると、その分毎日が楽しくなります。すると、ものごとが前向きにとらえられるようになり、新しいことに挑戦する勇気が湧いてきます。新しい行動は、新しい出会いや新しい体験を生み、世界がどんどん広がっていきます。

怒りに気づくことは新しい自分を発見することであり、そして、その怒りを上手に表現することで、より深い人間関係を築けるようになるのです。

怒りには、ココロからの大切なメッセージやコミュニケーションのチャンスがたくさんつまっています。

一方、ココロの声は、駄々っ子のように、聴いてもらえないと、どんどん大きくなっていきます。そうした声に耳を傾けるか無視するか、その声を素直に受け入れて行動に移すかどうかは自分次第。

怒りのしくみは意外と単純です。

　そのしくみを知って意識を変えるだけでも怒りを少し減らすことができます。さらに、自らの言動を変えることができれば怒りはもっと減らせます。

「うまくいっていることはそのまま続けなさい。うまくいっていないことは別のやり方でやってみなさい」という有名なカウンセリングの考え方があります。

　もし、今あなたが怒りやイライラで困っているとしたら、勇気を出して今までの思考パターンや行動パターンを少し変えてみてはいかがでしょうか。

　変えてみてうまくいかなければまた別の方法を試すということをくり返し、うまくいく方法がみつかったらそれをくり返していけば毎日が快適に過ごせるようになります。

　この本がきっかけとなって、ひとりでも多くの人の心身がもっと穏やかになり、誰もが安心して外出できる世の中になることを願ってやみません。

人はなぜ怒るのか／目次

第五章　イライラをワクワクに変える22の方法　127

第一章

怒りの蔓延する社会

すぐキレる人たち

私が小学生の頃、急に何かに腹を立て、顔を真っ赤にして「砂場へ来い！」と怒鳴る男の子がときどきいました。今思うと、あれが人生最初にみた「キレる」場面だったと思います。

その後、彼らが本当に砂場へ行ったのかどうかは知りません。しかし、もし行っていたとしても、素手でとっくみあいのケンカをして、その場でケリをつけていたのだと思います。なぜなら、こうしたやりとりは教室のなかで毎日のようにくり返されており、翌日はいつもと変わらず一緒に遊んでいましたし、誰かが大怪我をするとか学校にこなくなるということは一度もありませんでしたから。

今思うと、平和で素朴な時代でした。武器をもって相手を傷つけるという発想はおそらくなかったと思います。当時、「キレる」という言葉はまだありませんでした。

あのときの彼の激昂ぶりが「キレ」だったのかなと、今になれば思いますが、あくまでも彼は特殊なケースでした。

ところが今は、いつどこで誰が豹変し、罪を犯しても不思議ではない世の中です。

しかも、何が引き金になるかまったく予想がつかないので、いつ自分が誰かの地雷を踏んでしまうか予断を許しません。なかには、自分のなかの地雷におびえるケースもあるでしょう。

たとえば、すれ違いざまに肩がぶつかっただけでも因縁をつけられて刺されるかもしれないし、最悪の場合は、ただ気分がムシャクシャしている人の「誰でもよかった」標的にされて突然殺されてしまう可能性さえあるのです。

私は二十代の会社員の頃、満員の通勤電車のなかでよく足を踏まれ（男性の全体重がかかると涙が出るほど痛いです）、そのたびにすっとぼけている中年男性相手に「痛い！」とか、「謝ってください」などと、偉そうに訴えていたものです。また、笑ってごまかそうとした男子学生たちには命知らずに説教までしていました。今思えば若気のいたりも甚《はなは》だしく、我ながらよく怪我ひとつせず無事でいられたものだと思います。

今はおそろしくてとてもそんなことはできません。幸い現在は通勤電車から解放されていますが、もし同じような状況になっても、「痛い……」と言うくらいでがまんしようと思っています。

一方的に足を踏まれたり、荷物をぶつけられたりして泣き寝入りをするのは本当はとても悔しいけれど、そんなことで命をとられたら悔やんでも悔やみきれないからです。

今や、ちょっとしたことで刺されかねない世の中です。

ストレスに対する抵抗力のことをストレス耐性といいますが、今は全般的にストレス耐性が低下していて、些細なことでキレてしまう人が増えています。

私はストレス耐性の低い人というのは、コミュニケーション能力の乏しい人ではないかと思っています。というのは、コミュニケーション能力というのは、人間関係のなかでさまざまな軋轢《あつれき》や葛藤をくり返してはじめて身についてくるものですが、葛藤を乗り越えるということは、まさにストレス耐性を高めることに他ならないからです。

つまり、人の足を踏んでも謝ることのできないような人は、たとえおとなしそうな外見であっても、ストレス耐性（コミュニケーション能力）が低い可能性が高く、注意を促したとたんキレてしまうかもしれないので、最近は運が悪かったと思っておとなしくその場を離れるようにしています。

クレーマー

怒りを溜めこんだストレス耐性の低い人がお客様の立場になったとき、彼らは強力なクレーマーになります。

日本人には「お客様は神様です」という刷り込みがあるのかもしれませんが、彼らにはおそらく「客（＝自分）はいちばん偉い」、「客（＝自分）の立場は誰よりも強い」という思い込みがあるのでしょう。

一般に、怒りを感じる相手というのは、上司だったり、親だったり、社会だったりと、自分のほうが立場的に弱く直接抗議しにくい相手であることが多いのに対し、怒りをぶつける相手というのは、自分より弱い立場の人であることが圧倒的に多いと思います。

クレーマーとは、強い立場の人たちから受けたストレスのはけ口を、何のためらいもなく自分より弱い立場の人に求める人のことであり、彼らがやっているのは、ただの弱いものいじめ、憂さ晴らし、八つ当たり、嫌がらせに他なりません。

彼らは人間関係の強弱に異常に敏感で、自分より弱い人を天性の嗅覚で嗅ぎつけて獲物にします。

その点、クレーマーは、日本では大義名分の立つ「お客様」の立場になったとき、もっとも強く振る舞うことができるのだと思います。

後述しますが、最近病院でモンスター・ペイシェントが増えているのも、病院側が患者を「患者様」と呼ぶようになったことが大きな原因だと私は考えています。

さて以前、私はお客様センターなどのコールセンターで働く人から話を聞く機会があり、想像以上の状況に大変衝撃を受けました。

理不尽な要求を突きつけてくる人、一方的に延々と喋りまくる人、電話口に出た人の人格を全否定するようなことを言う人、ヒマで話し相手を求めて定期的に電話をしてくる人など、あらゆる迷惑電話の応対を一つ一つ丁寧にこなさなければならず、しかもそれに見合う報酬もケアも受けられないことが多い、本当に大変な仕事だと思いました。

私は、クレームを否定しているわけではありません。

買った商品が本当に不良品だった場合や、支払いに見合うサービスを受けられなかったなど正当な理由があるときは、堂々と権利を主張していいと思います。ここで泣き寝入りをする必要はありません。

また、妥当なクレームは、言われる側にとっても宝になることが少なくないものです。

しかし、問題はその言い方です。

誰でも、「言っていることはわかるけど、その言い方が気に入らない」という経験があると思います。

最近問題になっているクレーマーは言っていること自体が無茶苦茶なので論外ですが、万が一彼らの言い分にわずかな正当性があったとしても、その態度や言い方のせいでハナから厄介者扱いされ、まずまともに取り合ってはもらえないでしょう。そして彼らは厄介者扱いされるから余計頭に来て過激になる……この悪循環のように思えてなりません。言い方だけでも工夫すれば、もしかしたらまともに取り合ってもらえるかもしれないのに、自らそのチャンスをつぶしてしまっている。実に残念でもったいないことです。

本来、サービスというのは無料ではありません。

サービスは目に見えない商品であり、お金を払う対価として受けとるものです。従って、高品質の商品が高価格であるように、いいサービスもいいお値段がします。

高級レストランや高級ホテル、一流ブランドショップのスタッフのおもてなしが行き届いているのは、客がそのサービスを含んだ料金を支払っているからです。

そうしたお客様であれば、店側も多少のわがままを聞くでしょう。

しかし、だからといって人として偉いわけでもなんでもなく、仕事上の立場として強弱関係はあっても、上下の関係は一切ありません。人間としてはあくまでも対等です。

問題は、自分がお客様になったとたん、偉くなったと錯覚して理不尽な要求を突きつける人、また、自分が求めるサービスに見合う支払いをしない人、権利だけ要求して義務を果たさない人たちです。

そして、こうしたクレーマーの矢面に立たされる人は、コールセンターのパートタイマーや派遣社員、窓口業務や販売員の人であることが多く、その給与にはクレーマーから受ける精神的ダメージをカバーする手当は含まれていないことがほとんどではないかと思います。

何も保障されることなく理不尽なクレームを受け続ければ、当然ストレスが溜まります。そうして溜まったストレスを自分より弱い立場の人をみつけて憂さ晴らししたくなる気持ちもわからないではありません。しかし、これでは世の中にイライラが蔓延していくばかりです。

驚くことに、最近は、一般の窓口を飛び越え、いきなり社長などのトップに直訴するクレーマーが増えているとも聞きます。

お客様意識の肥大化は、「もっと私を大切に扱って！」「もっと私の話を聞いて！」「私を認めて！」という現代人のココロの叫びのようにも感じられます。

しかし、彼らのような一方的な攻撃では、表面的な要求が叶えられることはあっても、本当の意味で求めている「私を認めてほしい」という願望は決して叶えられることはなく、彼らの言動はさらにエスカレートしていくことになります。

これでは、ほしいものが買ってもらえず泣き叫ぶ子どもと同じ。しかも、いい年をした大人であるだけにタチが悪い。

こうしたオトナコドモは、衝動的になったときに何をするかまったく予想ができず、とてもおそろしい存在です。とても一般人が太刀打ちできる相手ではありません。

しかし、こうしたクレーマーは現実に増え続けています。そして、彼らに対応しているのは、たいていの場合何ら特別な訓練を受けていない社会的弱者であるため、少なからずの犠牲者が出ているに違いありません。

企業は、一般にあまり予防的なことに予算をとりませんが、従業員がクレーマーにつぶされてしまうことの損失を考えれば、今後クレーマーの予防対策にも力を入れるべきでしょう。

具体的には、従業員に充分な研修を受けさせる、上司が部下の話をよく聴くようにする、クレーマーには必ずチームで対応する、専門家の定期的なケアを受けられるようにするなどの対策が考えられます。

残念ながら、今の流れでクレーマーが減ることは考えにくいので、減らないことを前提として対応策を講じないと、いずれ企業イメージも従業員も壊されて取り返しのつかないことになってしまう危険性があります。

余談ですが、おそらく日本でクレーマーと呼ばれている人たちは、意外と海外では借りてきた猫のようにおとなしいのではないでしょうか。

彼らは、自分が絶対的に強い立場だと確信できなければ強気には出られない、本当は気の小さい人々だと思われるので、言葉やマナーの点でなかなか自信をもてない海外で、自己主張の激しい外国人相手にクレームを炸裂《さくれつ》させられるとは到底考えられません。

海外で日本人のマナーがいいと評判なのは、日本人が自己主張できず押し黙ってがまんしているからであり、これはいかにも内弁慶的な日本人の気質をあらわしていると思います。

モンスター

クレーマーの次に登場したのは、「モンスター・ペアレント」（学校に対して自己中心的で理不尽な要求をくり返す保護者）、「モンスター・ペイシェント」（医療従事者や医療機関に対して自己中心的で理不尽な要求、暴言・暴力をくり返す患者ら）です。「モンスター」と命名されるだけあって、彼らはとても強力です。

今までなら絶対的な上下関係であった「先生と生徒」「先生と患者」という立場を平然とひっくり返す荒技をやってのける人々ですから、一般常識は通用しないと思ってまず間違いないでしょう。だいたい、各所で加害者となって多くの被害者を出しているのに、自分こそが一〇〇パーセント被害者だと思っているのです。

ひと昔前は「先生様」と先生を神様のように敬っていたことがウソのように、今やとてもありえない無理難題を「先生」に突きつける人が増えているといいます。

学校では、収入があるのに給食費を払わない、休んだ分の給食費を返せと言う、モーニングコールや送り迎えを要求する、自分の子どもをクラスや学校の代表にしろと言う、担任やクラスメイトを選びたがる、授業参観で休んだ仕事の分の手当を支払えと言う、深夜早朝関係なく先生の自宅にクレームの電話をする、はたまた、我が子が家庭内で失敗したことを教師の教育のせいにしたり、子どもが学校で何かを壊しても壊されるようなものを置いておく学校が悪いと開き直ったり、ほとんど常軌を逸しているかのようなモンスター・ペアレントたちの例は枚挙にいとまがありません。

いったい学校はどうなってしまったのでしょう。

これでは、少しでも平和な私立へ我が子を入れようと、保護者が受験に躍起《やっき》になるのもわかるような気がします。しかし、受験に熱中することで、学校以外の勉強を優先させたり、内申にかかわる成績表に文句をつけたりなど、さらなるモンスターが生まれる可能性も否定できません。

学校の先生たちは、今やこうしたモンスター・ペアレントたちのために多くの時間と労力を浪費され、心身ともに疲れ切っています。教職員のメンタルヘルス疾患による休職者率は、一般企業に比べて実はとても高いことが知られています。二〇〇七年度に病気で休職した公立の小中高校などの教職員は、前年度より四百十四人増えて八千六十九人に上りました。このうち、うつ病など精神性疾患による休職は六二パーセントを占める四千九百九十五人（前年度比三百二十人増）です。いずれも過去最多を更新しています。

また、うつ傾向の自覚症状を訴える教員の割合は一般企業に比べて二〜三倍、「子供の訴えを十分聞く余裕がない」と答えた教員は六二パーセントというデータもあります。

モンスター・ペアレントは、放っておくと校長や教育委員会などにまでクレームをつけるので、先生も無視するわけにはいきません。そうすると、肝心の子どもの教育に割くエネルギーが失われ、何のための仕事かと意欲も失われ、心身ともにどんどん疲弊《ひへい》していってしまいます。

もともと教師になるような人は、子どもが好きで熱い使命感を抱いていたのだと思います。まさか、これほど多くのエネルギーをモンスター・ペアレントに消耗させられるとは夢にも思っていなかったことでしょう。

また、本来家庭ですべき「しつけ」を学校に求める保護者も多いようですが、ただでさえ保護者対応に消耗させられているのに、そんなことまで担わされてはとてもじゃないけどやっていられないだろうと思います。

教職員のみなさまには、本当に心から同情そしてお見舞い申し上げます。

ビジネスであれば、どうにもならないとなったときは損失覚悟で契約をうち切ればすみますが、モンスター・ペアレントからは子どもの就学中ずっと逃げられません。子どもが卒業あるいは転校するまでなんとかかかわっていかなければならない。これはほとんど拷問です。休職者が多いのは当然でしょう。

子どもにいい教育を受けさせたければ先生にもいい環境が必要なのに、そんなあたりまえのことがモンスター・ペアレントにはわからない。

なぜなら、彼らは本当は子どものためにクレームをつけているわけではないからです。だいたい、もし本当に子どものためを思うなら、家庭できちんとしつけをします。学校という社会生活のなかでうまく適応できるようにさまざまなルールを教えるはずです。そして、必要に応じて我が子を叱ることができるはずです。

そうしたことの責任を学校に負わせようとするのは、一種の育児放棄であり、責任転嫁に他なりません。

彼らには彼らなりの理由があるとは思いますが、それにしてもその矛先を何の関係もない学校や先生におしつけるというのは、お門違《かどちが》いもいいところです。これでは学校も本来の機能を果たせなくなってしまいます。

最近は、スクールカウンセラーを置く学校も多いですが、彼らはもともと子どものために配属された人たちです。また、スクールカウンセラーは、大学院を出て臨床心理士の資格を取ったばかりの人がなることも多く、必ずしも社会経験が豊富ではありません。

これに対して、最近の親は高齢化・高学歴化しているので、年齢でも社会経験でも若いスクールカウンセラーではとても太刀打ちできないでしょう。

私は個人的に、お客様センターのような保護者専門の窓口をつくったらいいのではないかと思っています。窓口には社会経験豊富な産業カウンセラーあたりはどうでしょう。

そして、教職員やスクールカウンセラーには、それぞれの職務に専念していただく。窓口の人は、必要に応じて必要な連携をとって問題にあたる。雇用も創出できるし、一石二鳥ではないでしょうか。

どんな分野においても、専門家にはその専門の仕事に集中し、存分に能力を発揮してもらいたいものです。専門家が自分の専門領域以外で忙殺《ぼうさつ》されるのは非常にもったいない。資源の無駄遣い以外の何ものでもありません。

そして、おそろしいことに、これと同じことが医療現場でも起きています。それが、モンスター・ペイシェントです。

こちらは命にかかわる現場でのできごとなのでもっと深刻です。モンスター・ペアレントがはびこる教育現場は未来を創る子どもたちを育てる場なのでこちらも重大問題ではあるのですが、医療はきょうあすの生死にかかわる問題です。

モンスター・ペイシェントに医師を拘束されたために、受けられるべき医療を受けられなかったであろう善良な市民はきっと多く存在するのではないかと思います。

なぜなら彼らの問題行動は、そのほとんどが営業妨害的行為であり、そのため、医療関係者はその対応のために貴重な時間と労力を大量に奪われるからです。

いい例が、営業時間や予約時間の完全無視です。

予約制であるにもかかわらず、予約を無視して堂々と自由にやってきてすぐの診察を迫る。「昼間は仕事があるし混んでいるから」と急病でもないのに夜間の救急に平然とやってくる。また、収入があるのに何かと難くせをつけて支払いをしない。

これらは、モンスター・ペアレントが教師の都合を無視して好き勝手するのとまったく同じです。

相違点は、モンスター・ペイシェントが暴力をふるうことだと思います。モンスター・ペアレントは子どもの存在が抑止力になるのか、まだ学校で暴力をふるうという話は聞いたことがありません。私が知らないだけで既にあるのかもしれないし、これから増えるのかもしれませんが……。

実際、院内暴力は想像以上に多いようです。二〇〇七年は、全国の病院の半数以上で病院職員が患者や家族から暴力を受けていたというデータもあります。ネットで検索すると、言葉の暴力から、殴る蹴る、器物損壊、恫喝《どうかつ》、セクハラなど、にわかには信じられない事実が並んでいます。

なかでも、医師より立場が弱く、患者と接する機会の多い女性看護師は被害に遭いやすいようです。こんなところにも、少しでも弱いものに向かうという彼らの特性がみてとれます。

モンスター・ペイシェントの存在が、ただでさえ不足している稀少価値の医師や看護師をさらに少なくさせている。これは、われわれの平和で安心な暮らしを脅《おびや》かす大問題です。

いったいどうしてこんなことになったのかというと、私には日本人が全般に幼児化していると思えてなりませんが、学校の場合は「ゆとり教育」によって子ども時代にある程度必要な競争（葛藤）をさせずに成長に必要不可欠な経験の機会を奪ってしまったこと、病院の場合は「患者様」という呼称をとり入れて「患者＝お客様」という誤解を与えてしまったことが、こうしたオトナコドモに活動の場を提供することになってしまったのではないかと思います。

以前は、学校のなかで順位がつけられ、それを励みやバネにして子どもたちは成長していきました。人生は勝ち負けではありませんが、それは子どもの頃にたくさんの勝ち負けを経験して、誰にでも得意なことと苦手なことがあるのだということを身をもって体験してはじめて理解できることです。

ところが、ゆとり教育は、子どもに差をつけてはいけないと言って手をつながせて徒競走をするなどというナンセンスなことばかりして、勝ち負けを経験する貴重な機会を奪ってしまいました。社会に出ればどうしたって明らかな差が出るのに、そのための耐性をまったく育ててこなかった。その結果、社会不適応の若者が増殖しているのではないでしょうか。

一方、病院で今いちばん偉いのは「先生様」ではなく「患者様」です。私はこの呼び方が彼らをさらに増長させているのではないかと考えています。実際、医療現場では「〜さん」と呼ぶことに戻しているところも増えているようです。

たしかに広い意味で医療もサービス業ですから、患者を下に見るような言動はよくないと思います。しかし、保険診療の患者をちやほや「おもてなし」する必要はありません。サービスは支払いの対価という発想からすれば、保険点数に「サービス」という項目はないのです。

だいたい、専門家として教育を受け国家資格をもっている医療従事者と患者とは決して対等の立場ではありません。ただでさえ、過酷な労働条件で私たちの命を救う尊い仕事をしてくれているのですから、傲慢《ごうまん》にならず説明義務を果たしてくれればそれで充分だと思います。

医師不足が深刻化しているなか、モンスター・ペイシェントを野放しにしておくことは医療崩壊を招く恐れさえあるのではないでしょうか。

モンスター・ペイシェントがしているような院内暴力は、ほとんどが立派な犯罪です。医療従事者はこうした犯罪行為には遠慮せず、毅然と対応していただきたい。そのためには、やはりこちらにも専用窓口のようなものが必要なのかもしれません。

常にイライラしている人が増えている

キレるまではいかなくても、常にイライラしている人は確実に増えているように感じます。これらの人たちは「キレ予備軍」です。いつ、イライラが臨界点を越えて爆発するかもしれません。

そう思うと、日本国中に地雷があるようなもの。いつから日本はこんな物騒な国になったのでしょう。

イライラが増えているのは、クレーマーやモンスターが増えていることからも明らかですが、一般の人々も「なんとなくイライラしている」様子が、街ゆく人の顔つきをみると伝わってきます。

人が集まる場所、特に、駅ではその様子が一目瞭然です。

電車に乗るときも降りるときも、誰にぶつかろうが関係なく好き勝手に動き、落ち着くとすぐに携帯電話（以降、「ケータイ」）を取り出して操作を始める。あるいはイアフォンで音楽を聴いて自分の世界にこもりきる。

止まっているときだけでなく、歩いているときでもケータイか音楽機器の利用率は極めて高い。カップルが並んで歩きながら、それぞれ自分のケータイを見入っていたりする。

しかし、彼らの表情は、決して楽しそうではありません。ケータイで友達と話したり、音楽を聴いたり、好きなことをしているはずなのに全然リラックスしているようにはみえません。

また、複数でいるときも、話している内容はたいてい誰かのうわさ話か愚痴か自慢話で、あまり楽しそうにはみえない。

そして、いちばん余裕がないなあと思うのは、「待てない」人がとても多いことです。

コンビニやケータイのように、いつでもどこでも利用できる便利なものに慣れきってしまった人たちは、「待たされる」ということに耐性がありません。

以前テレビで、十代の若者の間にはケータイに三分ルールというものがあって、メールをもらったら三分以内に返さなければ「無視」したことになってしまうので、夜中までメールのやりとりが続くという話を知りました。

二十代では約三割が自分はケータイ依存であると自覚しているとのデータもありました。私はこれを目にしたとき、正直、「もっと多いのでは」と思いました。

彼らは常に誰かとつながっていないと不安でイライラしてしまうのでしょう。裏を返せば、彼らは「自分は誰かとつながっていると思えていない」「ケータイがなければ誰ともつながっていない」という猛烈な孤独感にさいなまれているということです。

第五章で述べますが、自分にとって本当にココロを許せる「居場所」があれば、精神的に余裕ができてケータイの着信に振り回されずにすむのですが、これだけケータイに依存している人が多いということは、よほど孤独を感じる人が多いということなのでしょう。

ケータイを操作している間は、誰かの存在を感じられる、そうしないと不安でたまらない。孤独を感じずにすむから片時もケータイを離さない。そして返事はすぐ返す。自分がそうしているから相手もそうでないとイライラしてしまう。あるいは、誰でもいいからとネットの世界でつながりを求め、受け入れられないと逆ギレしてしまう。

薄っぺらでもなんでもいいから誰かとつながっていたい。

そのために、自分を押し殺して他人の顔色をうかがって嫌われないようにしてきた結果、自分の本当の気持ちさえわからなくなって、ますますイライラし、混乱してしまう。

カウンセリングをしていても、安くないお金を払っているのにカウンセラーである私のことをものすごく気遣って、「いい子」を演じてしまう人がときどきいらっしゃいます。

彼らは一様に自分に自信がなく、自分の気持ちさえよくわからない。人の気持ちには異常なまでに敏感だけれど、自分の気持ちにはおそろしく鈍感です。だから「どう思いますか」「どうしたいですか」「どうなりたいですか」などという質問には「わかりません」としか答えられない。そして、自分のすべき判断を他人に委ねてしまおうとします。たとえば、「〇〇なんですけど、どうしたらいいでしょうか？」「△△なんですけど、どう思いますか？」といった質問をされます。

カウンセリングは占いではないので、「あなたは□□するといいでしょう」とか「それは●●ですね」とか「このままだと▲▲になります」などと予言めいたことや、一方的な指示を出すようなことは言わないことが原則ですが、そうした予備知識がないにしても、「はっきりとした答え」を誰かからもらいたがっている人がとても多いと感じます。

こういう人たちは、よく言えば「他人の意見をよく聞く人」ですが、裏を返せば、自分で自分のことが決められない、自分に自信がない不安でいっぱいの人です。そして、よく聞くとはいっても、自分に都合のいいことしか本当の意味では聞いていません。

カウンセリングというものは、カウンセラーが答えを教えてくれるものではなく、本人がどうしたらいいか、どうなりたいのか、ということを一緒に考えていくものであり、自分自身に向き合うことを手伝ってもらうものです。そういう意味では、簡単に答えがもらえると思っていた人にとって、カウンセリングは期待はずれのことが多いかもしれません。

占いやスピリチュアルにはまる人がとても多いのは、先のみえない不安や底知れぬ寂しさを抱えている人が多いということではないかと思います。これらはカウンセリングと違って、辛い思いをして自分に向き合わなくても未来に対して何らかの道筋を与えてくれるので、とてもお手軽です。そして、気に入らなかったことは聞かなかったことにして、都合のいいことだけを信じることができます。実際、私もカウンセリングの勉強をするまではよく占いをチェックしていましたし、今でも何か迷っているとネットの無料の占いをみることがあります。

何に頼るかは別にして、現在、不安を訴える人は非常に多いと感じます。そして、不安を感じている人は、先行きがみえないということにとてもイライラしています。つまり、不安の多い世の中には、それだけイライラも蔓延しているということです。

今は、どの世代も将来に展望がもてなくて全体的に閉塞感がただよっています。一部の団塊世代やアラフォーたちは例外的に元気なようですが、とりわけ若年層には、絶望感に近いものさえ感じます。本来なら、自分の経験に投資していく貴重な時期なのに、若者が内にこもって堅実に貯蓄をしているという話を聞くにつけ、「経験不足→社会不適応」の悪循環がいっそう深まっていくことを危惧《きぐ》せずにはいられません。

このままでは、不安とともにイライラもどんどん広がって、手の付けられないような状態になってしまうのではないかととても心配です。

有名な心理学者ヴィクトール・E・フランクルは「どんな人生にも意味がある」と言っています。私は、子どもの問題は大人の問題の反映だと考えているので、まずは大人たちが自分の人生の意味をみつけて人生を充実させ、それを子どもたちにみせていくことが求められているのだと思います。

それでは、次の章から、具体的に「怒り」のしくみとその対処法について、例を挙げながら説明していきましょう。

第二章 怒りのメカニズム

感情に「いい」「悪い」はない

怒りについてお話しする前に、まず怒りについての誤解を解いておきたいと思います。

おそらく多くの人は、怒りという感情はよくないものだと思っているのではないでしょうか？

たしかに怒るということは気持ちのいいことではありません。怒りを向けられても嫌な気分になります。

しかし、怒りは決して悪い感情ではありません。

私たちは一般に、「嬉しい」「楽しい」などの感情はよいもので、「怒り」「寂しい」「悲しい」などの感情は悪いものだと思い込んで、怒りをはじめとする不快な感情を抑圧しようとしてしまいがちです。

実はここが大きな間違いで、感情にはいい感情も悪い感情もないのです。

なぜなら、私たち人間は感情をもった動物であり、あらゆる感情はどうしようもなく覚えてしまうものだからです。しかし、さまざまな感情を感じられることこそが人間のすばらしいところだと言っても過言ではありません。

だから、私たちはどんな感情をもってもいいし、表現してはいけない感情もありません。

もちろん、状況に応じた表現の方法は必要でしょう。そして、それを学ぶことで、どんな感情も上手に表現することができるようになります。

体調に波があるように、感情にも波がある。悪くなるときがあってこそ、いいときに感謝できる。不快な感情をなかったことにするのではなく、いいときと悪いとき、この二つのバランスがとれていることが大切なのです。

怒りはココロからのメッセージ、SOSの大事なサイン

大事なのは、カラダの場合と同じで、ココロの具合が悪いときは放っておかないで早く何らかのケアをしてあげることです。

私たちのココロとカラダは、自分を守るために日々いろいろなサインを送ってきてくれています。

ときどき調子が悪くなるのは、それ以上悪くならないために「問題に気がついて。早くケアして!」というSOSのサインです。その大事なサインを見逃してしまうと、気づいてもらおうとサインはどんどん大きくなっていきます。

怒りを覚えるというのは、感情を抑圧しているというサインです。

私たちは普段、特に仕事中は感情的になってはいけないと思って感情を抑圧してしまいがちですが、常に何かしらの感情を抱いています。いくら感情を抑えつけても、なかったことにはできません。抑えつけられた感情は、ココロの奥底に溜まって熟成されていきます。そしてある日突然爆発してしまう……。

こんな悲劇を避けるために、怒りは自分の感情に目を向けるよう、私たちに警告を発してくれているのです。

つまり、怒りは「ココロの声を聴いて！」という内なる自分からのとても貴重なメッセージ。このメッセージを無視していると、警告、ひいては怒りはどんどん大きくなっていきます。

ここで言っている「ココロの声を聴く」とは、怒りの裏にある本当の気持ちをみつめ、自分は本当は何がしたいのか、何を望んでいるのか、ということを自問自答し、それに対して自分の行動を決めるということです。

これが実践できるようになると、小さな怒りに気づいて、問題が大きくなる前にトラブルを避けられるようになります。そして、キレることはもちろん、日頃のイライラも減ってきます。

怒りを抱きたくないと無理に抑えこんでしまっても、それは一時しのぎに過ぎず、状況は何も変わりません。状況が変わらなければ、怒りが常態化して、いずれ爆発してしまいます。

しかし、怒りをＳＯＳのサインだと受けとめることができれば、自分のココロの声を聴いて、その状況に対処していけるようになります。大きな怒りを感じなくてすむように、状況を動かしていくことができるようになります。

そうやって怒りに誠実にとりくんでいけば、自分のまわりの環境をどんどん快適に変えていくことができます。

怒りは、ココロからのメッセージ。実はあなたの最大の味方なのです。

感情を変えられるのも自分しかいない

何か、ものごとが起きたとき、受けとめ方は人それぞれ違います。

たとえば、事件や事故、災害に遭ったとき、[*1]ＰＴＳＤ（外傷後ストレス障害）を起こす人もいれば、無事に立ち直っていく人もいます。

これは、それぞれの受けとめ方、考え方の違いです。そして、それぞれの考え方というのは、それぞれ独自のもの。カラダのくせのように、いつのまにか身につけたココロのくせなのです。

認知行動療法[*2]では、その人の考え方（認知）がその人の感情をつくると考えます。

マイナス思考をしていると、マイナスの感情が生まれます。そして、そのマイナス思考は誰に強制されているわけでもなく、自分が選んでいます。逆に言えば、マイナスの感情が出ているときは、マイナス思考をしているということになります。

だから、もしマイナスの感情をなくしたいのならば、マイナス思考をやめればいいわけです。

認知（思考）はその人独自のものであり、認知が感情をつくるのだとすれば、感情を起こしているのは他ならぬ自分自身であり、思考パターンを変えて感情をコントロールできるのも自分である、自分しかいないと言うことができます。

同じ状況にあっても怒る人と怒らない人がいます。怒っている人はその人自身の思考パターンによって怒っているのですから、落ち度のあった人が非を認めて謝ったなら、そこから先はもう誰かを責める理由はなく、あとは怒っている本人の認知の問題です。

たとえば、レストランで注文が間違えられたとき、穏やかに自分が注文したものを伝えてつくり直してもらう人もいれば、怒りまくって「責任者を出せ！」と激昂する人もいるでしょう。しかし、冷静に考えれば、注文をとり間違えた店員が適切に謝って正しい注文をもってきてくれればその責任は果たしたことになり、それ以上のことをする義務はありません。それでも激昂する人は、自分のある思いこみ（認知）によって、ひとりで勝手に必要以上の怒りを感じているのです。

あるいは、たとえば、道ばたの凸凹につまずいたときのことを想像してみてください。こういうアクシデントは、そのときの精神状態によって感じ方が変わりやすいので自分を把握するいいバロメーターになります。調子のいいときは笑ってすませられても、機嫌の悪いときは猛烈に腹が立つのではないでしょうか。しかし、どんなに怒りを感じても、責める人は誰もいません。道路に怒っても空しいだけです。

こんなふうに、同じ状況でも怒るときと怒らないときがあるということは、結局、感情は自分で起こしているものであり、自分で変えることができるものだということです。

＊1―PTSD（外傷後ストレス障害）とは、生命の危機を感じるような衝撃的な事件・事故・災害などを体験したあ

とで、フラッシュバックや過剰な反応など心身にさまざまな障害をきたすもの。日本では、阪神・淡路大震災を機によく知られるようになった。

＊2―認知行動療法とは、認知療法と行動療法が融合したもので、認知・感情・身体・行動は、相互に関連し合って動くということを基本とした心理療法。不適応な行動は非合理的な偏った認知(思考)によって生じるのだから、認知を修正して行動を適応させようとするもの。うつ病をはじめ、パニック障害、不安障害などに大変有効だとされている。

怒りの原因は不一致

では、怒りの原因は何か。

ひと言で言うなら「不一致」だと私は思っています。怒りとは「不一致による違和感」であり、これが大きければ大きいほど怒りも大きくなると考えています。「不公平感」と言ってもいいかもしれません。

私たちは、自分の想像を超えたようなできごとが起こったとき、それが好ましいことであればサプライズとして喜びますが、好ましくないことだと期待と現実の不一致に怒りを覚えます。

要するに、怒りを感じるときというのは、「期待通りになってない」「思い通りになっていない」という状況のときなのです。

いかがでしょうか？

たとえば、不当な扱いを受けたとき、多くの人は怒りを感じるでしょう。それは、潜在意識に「私はこう扱ってほしかった」、あるいは「こう扱われるべきだ」という願いがあって、それが叶えられなかったことによる不一致から生じているのだと考えられます。仕事で不条理なことを要求されたり、正当な評価や対価が受けられなかったり、親の愛情を感じられなかったりすると、こうした怒りを感じるのではないでしょうか。

また、これとよく似ているのが、「大切にされていないと感じるとき」です。こちらは背後に「私を大切にしてほしい」「私は大切にされるべきだ」という願いがあり、それが叶えられていない場合、期待と現実とのギャップが怒りになります。面倒くさがりの配偶者や恋人をもつと、その相手は潜在的にこうした怒りを抱えやすくなります。長年ひそかに鬱積《うっせき》した怒りに耐えかねた妻が突然「別れてください」と言いだす熟年離婚は、これの最たるものだと言えるでしょう。

他には、「想定外のことが起きたとき」があります。子どもは人を驚かせたり驚かせられたりして遊びますが、不意をつかれた大人が「もう！　ビックリさせないでよ！」と怒るようなとき。信頼していた人に裏切られたときにも「だまされた！」などと怒りを覚えることでしょう。車を運転しているドライバーが急に飛び出してきた人に向かって、「バカヤロウ！　死にたいのか！」と怒鳴るのも、想定していなかったよくないことが起きて驚かされたことによる怒りです。

さらに想定外なのは、「心身に危険を感じたとき」です。これは、本当に命に危険を感じるときと、自分の立場や面子《メンツ》など社会生命を絶たれるような危険を感じるときと両方のケースがあります。

前者は、たとえば乱暴な車の運転のせいであやうく轢《ひ》かれそうになった歩行者が、ドライバーに対して「ふざけるな！　どこ見て走ってるんだ！」と憤りを感じるような場合。これに対し後者は、人前でバカにされたり笑われたりして心に深い傷を負ったような場合です。

以上、これらの状況に共通していること、それは「思い通りにならなかったとき」、つまり、欲求不満状態です。

たとえば、メールの返事がなかなか来ない、何か企画しても誰も乗ってくれない、話しかけても生返事、友達がいない、親から愛情を感じられなかったなど、相手の反応がよくない場合。また、仕事関係では、部下がミスをした、上司の理解がない、取引相手の態度が悪い、思っていた内容と違う、残業が多すぎる、休みが取れない、思うような仕事がみつからないなどの場合。

ちょっとしたことでは、急いで動いているときに机やイスの角に身体をぶつけてしまって「もう！」とイラだったり、がまんして慌てて入ったトイレに先客があったときに「なんでー！」と怒ったり、つまずいた石に八つ当たりしたり、肝心なことを思い出せない自分に腹が立ったり。

どの例も、思い通りにならなかったために、期待と現実の不一致によって自分に何かしら不都合が生じています。

実は、イライラしやすい人というのは、ものごとを自分の思い通りにしたい、コントロールしたいという気持ちがとても強く、しかし、それらが実現することはほとんどないので、満足感を得にくいのです。

有名なカウンセリング・マインドに、「他人と過去は変えられない」というものがあります。変えられないものを変えようとどんなに頑張っても、その努力が報われることはほとんどなく、ただ不一致が大きくなって怒りが積もっていくだけ。「変えられるものは自分と未来だけ」なのです。

イライラしている本人は自分を被害者のように感じているかもしれませんが、現実的でない期待を抱き、不一致を起こしているのは他ならぬ自分自身。もっと言えば、自分に余裕や自信がないことが対象への過剰期待につながり、大きな不一致を生んでいると言えるのではないでしょうか。

ストレスと怒りの関係

ストレス社会と呼ばれるように、現在、ストレスを感じている人は非常に増えています。それを受けて、企業ではストレス・マネジメント研修が流行っています。たいていはストレスのしくみとその対処法を学ぶという内容です。

ここで、簡単にストレスのしくみについてご説明しましょう。なぜなら、「怒り」はストレス反応のひとつだからです。

まず、私たちがいつも「ストレス」と呼んでいるものには、ストレスの原因（要因）とストレスの結果（反応・症状）という二つの側面があります。

ストレスの原因には忙しい仕事や人間関係などが多く、その症状は、人によって偏頭痛や不眠、便秘や下痢、イライラ、抑うつ気分など実にさまざまです。心理学では、一般的にストレスと言われていることを、このように原因と結果とに分けて考えます。

その際重要なのは、どんな原因にどう反応するかは本当に人それぞれ違うので人と比べないということ、比べるのはいつもの自分と今の自分との違いだということ、そして、そのために自分の傾向をつかんでおくということです。

表1、2のように、ストレスの原因は大きく四つに、ストレスの反応は三つに分けられます。

ストレス反応の「行動」だけは、本人より周囲の人のほうが先に気がつきやすいのですが、それ以外は自分で気づけるものです。

表を参考にして、足りないものがあれば書き足して、自分がどういうパターンをもっているのかどうぞチェックしてみてください。

私たちは何かストレス反応が出ているとき、薬を飲んで身体に直接働きかけたり、お酒や買い物で気晴らしをしたりして、なんとか症状を軽くしようとします。いわゆる対症療法です。

表1　ストレスの原因

環境の問題	天災、騒音、公害、ラッシュ、人混み、煙草、エアコン……etc.
社会的問題	仕事、結婚、離婚、近親者の死、経済的問題……etc.
身体的問題	病気、怪我、睡眠不足、運動不足、加齢、PMS（月経前症候群）……etc.
心理的問題	不安、緊張、恐れ、孤独、自信のなさ……etc.

表2　ストレスの反応

身体的反応	頭痛、胃痛、腹痛、腰痛、歯痛、微熱、肩こり、便秘、下痢、めまい、不眠、歯ぎしり、貧乏揺すり、爪をかむ、肌荒れ、円形脱毛症……etc.
精神的反応	抑うつ気分、集中力の低下、自信喪失、不安、イライラ、疲労感、気力の低下、怒りやすい、忘れっぽい、絶望感、楽しくない、投げやりな気分、マイナス思考、自己否定、涙がとまらない……etc.
行動的反応	コミュニケーショントラブル、遅刻、欠席、早退、休みを取ろうとしない、ミスや忘れ物・事故が増える、ひきこもり、飲酒量増加、酒ぐせへの憎悪、摂食障害（食欲不振or増加）、性欲異常、服装・髪形・化粧・身だしなみの乱れ……etc.

しかし、対症療法だけをしていても、原因が変わらずに存在し続けていれば症状はずっと出続けることになり、対症療法もずっと続けていかなければなりません。また、対症療法は慣れてしまうとだんだん効果が薄くなり、より強い刺激を求めるようになるという懸《け》念《ねん》があります。

従って、ストレス・マネジメントとしては、できるだけ安全で効果的な対症療法を施すと同時に、ストレスの原因にも働きかけていくことが求められます。

たとえば、ストレスの原因が通勤の満員電車だったとします。満員電車をなくすことはできませんが、自分が時間をずらしてそれを避けることはできます。実際にそうしている人も少なくないでしょう。それでもダメなら、引っ越す、会社を変えるということも選択肢として考えられます。

もし仕事が原因なら、誰かに相談する、スキルを磨く、異動願いを出す、転職の準備をする、転職するなどいろいろな対策が講じられるでしょう。

こんなふうに、もう実際に出てしまっているココロやカラダの症状に対処する一方で、その原因となっていることにも働きかけていきます。その際、原因を一気になくそうとするのではなく、まずは少しでも減らすことから考えたほうが現実的です。なぜなら、社会や環境などの大きな問題を個人の力ですぐに動かすことも、嫌いな上司をやめさせることもそう簡単にはできないからです。

ストレス・マネジメントの第一歩は、自分がどんな原因に反応しやすくて、その結果どんな症状が出やすいのかという自分のパターンを知ることから。

それでは、次の質問に答えながら、表を参照して導き出した自分のパターンをさらに一歩進め、その原因と反応への対処法をいくつか考えて書き出し、どうぞ、できるところから実際に試してみてください。

〈ストレス対処法〉

Q1　あなたのストレス反応にはどんなものがありますか？

例1）イライラ

例2）腹痛、抑うつ気分

例3）めまい

Q2　それぞれ原因はどんなことだと思いますか？
例1）嫌な「オヤジ」の存在
例2）PMS（月経前症候群）
例3）迷い

Q3　あなたはストレス反応が起きたとき、どんなふうに対処していますか？
例1）知人、友人に愚痴を言う
例2）鎮痛剤を飲む。ゆっくり休む。マイナス思考の悪循環に陥らない
例3）無理をしない、ゆっくりする

Q4　ストレスの原因を減らすために工夫していることはどんなことですか？
例1）オヤジに近づかないことに全力を尽くす
例2）前もって状態が悪くなる時期を予想して心の準備をしておく
例3）何かに迷ったとき、先送りにしないである程度方向性を決めておく

原因と反応は、つながりがわかればどちらを先に書いてもかまいません。ただ、表を見て、「これもストレス反応だったんだ」という新たな発見があれば、そこから「これはどういうときに起きているのだろう」と原因を探っていくことで新しい気づきにつながると思います。

また、対症療法と原因を減らす工夫についても、どちらを先に考えてもかまいませんが、現実的には症状が出ているなら、すでに何らかの対処をしているだろうと思って、こちらの質問を先にしました。

もし、今のストレスに対する対処や工夫が不充分だと感じているなら、この機会に、他の選択肢もいろいろ考えて試してみてください。

そして、前述したように「怒り」もストレス反応のひとつですから、同じように原因と結果、それぞれに対処していくことができます。

それには、まず自分が怒っていることに気づいて、怒りを認めること。次に、その怒りの中身をじっくりみつめて理解すること。最後に、その怒りにどう対処するかを決めて実行することです。

私はこれを「怒りの三段活用」として次のようにまとめてみました。

Ⅰ 怒りを感じる（結果）
Ⅱ 怒りの内容を分析する（原因）
Ⅲ 怒りに対処する

では、「怒りの三段活用」を実践するために、怒りについてさらに説明していきましょう。

怒りの大きさ

ひとくちに「怒り」といっても、さまざまな怒りがあります。

あなたにとって「怒り」とは、どんなイメージでしょうか？　どれくらいの感情表現からが「怒り」になると思いますか？

「私は滅多に怒りません」と言う人もいますが、はたしてこういう人は本当に怒らないのでしょうか？

怒りは小さい怒りから大きい怒りまで、実にバリエーションが豊富です。

では、まずわかりやすい大きい怒りの表現を挙げてみましょう。

「激怒、憤怒、怒り狂う、憤り、癇癪《かんしゃく》、頭にくる、頭に血がのぼる、手足が震える、全身が震える、身体が熱くなる、はらわたが煮えくり返る、ムカムカする、堪忍袋の緒が切れる、腹の虫が治まらない、気持ちがムシャクシャする、怒りが沸々とこみ上げてくる、度を失う、怒りで燃え立つ、カンカンに怒る、火のように怒る、真っ赤になって怒る、青筋を立てて怒る、ブチ切れる、超ムカつく……」。

いかがでしょう？　どれもこれもおそろしいものばかりです。さすがにこれほど激しい怒りは、しょっちゅう感じないかもしれませんし、まったく感じない人もいるかもしれません。ただ、たとえもし感じたとしても、どうぞご安心を。

どんな感情も感じること自体は決して悪いことではありません。大事なのは、これらの感情をちゃんと認めて適切に対処していくことです。たとえ瞬間的に「ぶっ殺したい！」と思っても、実行さえしなければ、その気持ちを上手に活かしていくことは充分に可能なのです。

そして、次は中くらいの怒りです。

「腹立たしい、イライラする、邪魔、反対だ、ムカつく、煩《わずら》わしい……」。

大きい怒りに比べると、ずいぶん日常的な感情ですね。これくらいの怒りなら、感じる人も多いのではないでしょうか。

最後は小さい怒り。

「好きではない、同意できない、困った、嫌だ、違う、ムッとする、モヤモヤする……」。どうでしょう？　こんなことが怒りなのかと思いませんか？　これらはひと言で言えば「違和感」です。私はこれらが怒りだと知ったとき、とてもショックを受けました。「私って怒ってばっかりだったんだ……」と。

これでも「私は怒りません」と自信をもって言える人はどれくらいいるでしょうか？

ちなみに、今の私は大きい怒りを感じることは滅多にありません。しかし、中と小の怒りは毎日のように感じています。

中と大の怒りは練習によってかなり減らすことができます。しかし、日々の小さな違和感は、生きていくうえで、ある程度避けようがなく、また、この違和感は、実は日常生活を快適に送るためになくてはならない、ありがたい道しるべにもなるものです。なぜなら、小さな怒りは、日々発生するさまざまな問題を、小さな芽のうちに教えてくれる予防のための貴重なサインだからです。

この小さい怒りをいかに見過ごさずにその場その場で対処していくかということが、怒りを大きく育ててしまわないための重要なポイントになります。

そして、これらの小さな怒りは、自分の気持ちに敏感にならなければ気づくことができません。日常的に起こってくるこれらの違和感、ちょっとしたひっかかりを大事にすることこそが、毎日を機嫌よく過ごすための鍵だといえるでしょう。

怒りの表現法

では、あなた自身は、いつもどんなふうに怒っていますか？　また、今までどんなふうに怒られてきましたか？

人によっては、怒りを感じても表に出さない、出せない人もいます。一方、感情的になって突然キレる人も最近は増えているようです。感情の世界でも二極化が進んでいるのかもしれません。

怒りを感じた場合、それを表現するかしないか、どちらを選ぶのも本人の自由です。なぜなら、既に述べたように、怒りの感情は自分が起こしているものであり、従ってその取り扱いも結果もすべて自分の責任となるものだからです。

だから、「ここはがまんしたほうが得策だろう」と思えばグッとがまんするもよし、どうしても何か言ってやりたいと思えば、チクリとあるいはガツンと言ってやってもいい。または、ひとつ大人になって穏やかに交渉してみてもいい。

ただ、できるならば、まだ自分にも余裕のある小さな怒りの段階で、上手に小出しに表現したほうがあらゆる意味で効率的かつ生産的ではあるでしょう。

反対に、怒りが大きくなりすぎてどうにも冷静に扱う自信がないと思う場合は、ひとりで抱え込まずに誰かに間に入ってもらうのも一案です。誰かというのは、たとえば、家族や上司、先生、専門家など、中立的な立場に立ってくれそうな人のことです。第三者が入ってくれることで、自分自身も冷静さを取り戻せるという利点もあります。

人間関係における自己表現には、大きく分けて三つのタイプがあると言われています。

たとえば、前出のレストランでの注文違いの場合、まさに商品が「違う」わけですから、小さい「怒り」が生じます。それをどう表現するかを三分類すると、一つは「責任者を出せ！」と激しく怒る、もう一つは何も指摘せず黙ってきたものを食べる、そして最後は冷静に注文が違うことを伝えて穏やかに解決しようとするタイプに分けられます。

料理に髪の毛が入っていた場合、怒って抗議する人もいれば、その部分を避けて黙って食べる人もいるでしょうし、穏やかに店員に指摘して取りかえてもらう人もいるでしょう。

このように、同じ状況であっても、そのときの表現の仕方にはずいぶん違いがあるものです。

それではこの三つのタイプをもう少し詳しく説明していきましょう。

最初のタイプは攻撃的な自己表現です。この表現を多用する人は自分の気持ちだけを大切にして、他人の気持ちをあまり考慮しない人です。まさに「怒れる人」。ものごとの勝ち負けにこだわり、言動もとてもはっきりしています。このタイプの人は自分の思い通りにならないと、負けたと感じて怒ります。自分の力のなさを認められない（認めたくない）ので、相手により大きな脅威を与えることで自らの優位を保とうと攻撃的になるのです。

また、相手の気持ちを無視して自分の欲求を強引に押し通すことが多いため、人間関係は常にピリピリしています。彼らの怒り方は衝動的かつ攻撃的。皮肉や嫌味、余計なひと言、悪口、陰口、非難、無視、侮辱、暴力、怒鳴るなどで、相手をとても傷つけます。しかし、本人も決して後味のいいものではなく、後悔することも少なくありません。実際に、攻撃した瞬間は発散になっても、その後、他の問題を引き起こしたり、さらなる怒りを生み出すことになり、事態は悪化していきます。クレーマーやモンスターはこの典型です。

次は、まったく逆の非主張的な自己表現のタイプ。自分の気持ちは後回しで、他人の気持ちを優先してしまう人です。

このタイプの人は、自分の気持ちや意見をはっきり表現しないので、まわりから「何を考えているのかわからない」と思われて深く踏みこめない印象を与えてしまうかもしれません。また、「Ｎｏ」が言えないので、本当は嫌なことでもつきあわされているのですが、相手にはそれがわかりません。そうすると、いつも自分だけががまんしているような気持ちになり、自分を責めたり相手を恨んだりして、だんだん無気力になってうつ状態になったり、反対に突然攻撃的になったりしてしまう。いつキレるか自分でもわからない危うい状態です。若年層に最近とても多いと感じます。

最後は、「アサーティブ」と呼ばれる、提案・交渉により相互理解を深めようとする自己表現のタイプです。このタイプの人は、自分の気持ちも相手の気持ちも大切にします。

たとえ怒りを覚えたとしても、衝動的な言動をこらえ、自分がどうしたいのか冷静に考えてから自分の言動を決めます。場合によっては怒りを表現しないことを選びますが、考えたうえでの判断なので、非主張的な人のような自己犠牲感はありません。また、表現することを選んだ場合、攻撃的な人のように自分の思い通りにしたいという気持ちではなく、お互いが歩み寄って納得できる落としどころを探り、どうしても無理なら仕方がないという気持ちでいます。そのため、交渉が成立してもしなくても、後味はさわやかです。それは、自分の意見は言わなければ伝わらないし、言ったところで必ずしも自分の思い通りにはならないということをきちんと理解しているからです。

このように書くと、常にアサーティブな表現をしなくてはいけないかのような誤解を受ける方もいらっしゃるかもしれませんが、決してそうではありません。アサーティブな表現をするかしないかを状況に応じて自分の意思で決める姿勢こそが重要になるのです。

今までアサーティブな表現を意識してこなかった人にとって、こうした新しい表現法を身につけるのはそう簡単なことではないと思います。

しかし、少しずつでも練習をくり返していけば、だんだんとアサーティブな表現に慣れ、好ましい結果が得られるようになるでしょう。そうすれば、アサーティブな表現がコミュニケーションにとってどれほど有益で、また自分自身がどれほど生きやすくなるかということが実感できるようになると思います。

さて今のあなたの自己表現はどのタイプでしょうか？

怒りを生む「〜べき」思考、期待値一〇〇パーセント

ここまで、感情は自分が引き起こしているということ、そして、感情はそれぞれの受けとめ方、つまり自分の思考パターンによって決まるということを書いてきました。同じできごとが起きても人によって感じ方が違うのは、それぞれもっている考え方が違うからでした。

では、どんな考え方が怒りを感じやすいのかというと、それは、「〜べき」「〜なければならない」という考え方です。

たとえば、私は自転車が歩道を我がもの顔で走り抜けていくと瞬間的にかなり大きな怒りを感じますが、そんなとき、私のなかには「自転車は車道を走らなければならない」という「〜べき」思考があります。

かつて教習所で「自転車は車両だから車道を走るもの」と初めて知って衝撃を受けてから、歩行者を無視したような危ない走り方をする自転車を私はずっと敵視してきました。なんと言っても、彼らの行為は「道路交通法違反」です。私は法律を後ろ盾に、このことだけは絶対的な自信をもって怒り続けてきました。

ところが、こういう迷惑自転車はどこにでもいて、彼らに遭遇するたびに私は激昂しなくてはなりません。しかも、私は歩くことが好きなので、彼らに遭ってしまう機会が多く、そのたびにイライラしていたら、何のために歩いているのかということになってしまいます。

一般のストレス・マネジメントなら、「じゃあ歩くことを減らせば」となりますが、私は彼らが一〇〇パーセント悪いと思っているので、この件に関してだけは、自分の好きなことをあきらめるようなことは意地でもしたくありませんでした。

正直に白状すると、足をひっかけて転ばせてやろうと思ったことも一度や二度ではありません。でも、法律を後ろ盾に自信をもつようなタイプですから、自ら法律を犯すようなことをしてはいけないと自分を戒《いまし》め、今も実行には至っていません。つまり、泣き寝入り（非主張的表現）を余儀なくされていたわけで、迷惑自転車については本当に多くのエネルギーを消耗してきました。

そんな悶々《もんもん》とした気持ちを救ってくれたのは、心理を勉強して、「〜べき」思考のしくみを知ったことでした。つまり、怒りが生じているときは必ず「〜べき」「〜なければならない」思考が無意識のうちに起こっているのだから、それを修正すれば自分で怒りを減らすことができるということを初めて知ったのです。

さらに、こうした「〜べき」思考というのは、ものごとに対して一〇〇パーセントを期待する完全志向でもあり、こうした考え方のくせがあると、本人もまわりの人も苦しくなると知ったことも私の意識を大きく変えました。

それまでの私は、長子長女であることも影響して、「いい子でいなければならない」という思いこみがとても強く、そのために、さまざまなことで生きづらさを感じていました。「アダルト・チルドレン」[*3]という言葉が日本に入ってきて、「そうか、私はいい子をしようとしすぎて苦しかったんだ。もういい子はやめよう」と思えるようになってから、かなりラクにはなっていましたが、「〜べき」思考が自分だけでなく周囲の人も追いつめているのだとは夢にも思っていませんでした。まさに目が覚めるような思いでした。

さらに、「相手に一〇〇パーセントを求めるということは、相手に対する甘えだ」という指摘は、あまりにも衝撃的で大きなショックを受けました。

なぜなら、「いい子」でいる自分は誰にも甘えられずに強がって突っぱっているのだとばかり思っていたのに、「〜べき」思考は相手への甘えから生じているというのです。

たしかに、相手に一〇〇パーセントを求めるということは、自分の期待に一〇〇パーセント応えてもらいたいということです。しかし、冷静に考えれば、ものごとがそんなに思い通りになるはずはありません。にもかかわらずそうしたいと願うのは実は非常に傲慢なことであり、これこそが相手に対する甘えだというのです。

これにはぐうの音も出ませんでした。

完璧主義で自分にも相手にも厳しく、甘えることができない人間だとばかり思っていたのに、こんな歪《ゆが》んだ形で自分や他人に甘えていたとは……。

「〜べき」思考は、ものごとに一〇〇パーセントを期待すること。しかし、一〇〇パーセントの結果が返ってくるということは滅多にない。従って、一〇〇パーセントに満たない分が、「違い」＝「怒り」になるのです。

そして、一〇〇パーセントに満たない分が増えれば増えるほど、怒りは増していきます。

たとえば私の自転車の場合は、法律によって「自転車は車道を走らなければならない」（期待値一〇〇パーセント）なのに、実際には「自転車が歩道を走っている」（〇パーセント）。これだけで充分激怒に値するのに、道交法違反者たちは何ら悪びれることなく、我がもの顔で歩道を暴走し、行く先々で歩行者をヒヤッとさせる。これでもう期待値はマイナス一〇〇パーセントで、計マイナス二〇〇パーセントとなり、私が瞬間的に殺意までも覚えることになるのです。

期待値が高すぎると現実とのズレが生じやすくなって、ズレの分だけ怒りが大きくなるということはこれで納得がいきます。しかし、ここでひとつ疑問が湧いてきます。「期待＝甘え」だとすると、私は道交法違反者たちに甘えているということなのでしょうか。

答えはイエスです。

初めは、なかなか納得できませんでした。「日本は法治国家なのだから法律は守って当然だ」という思いこみをなかなか崩すことはできませんでした。

しかし、よく考えてみれば、世の中にはいろいろな人がいるわけで、法律を守れない人もたくさんいて当然です。だからこそ法律があるわけです。そんな人たちに、法律を守ることを期待しても土台無理な話で、申し訳ないけれど期待をしても仕方がないのだというふうに、時間をかけてようやく思えるようになりました。

できない人に一〇〇パーセントを期待するというのは、私が彼らに期待しすぎていた、つまり甘えていたということに気がついたのです。

もちろん法律を破ることは決していいことではありません。しかし、私は警察官でも裁判官でもないので、彼らを取り締まることも罪を負わせることもできません。

私は「法律を犯しているのだから現行犯逮捕すべきだ」「あいつらを好き放題させておくべきではない」「奴らを許してはいけない」「罰せられるべきだ」などと思っていたのかもしれません。少なくとも「法律はすべての人が守るべきだ」という思いこみはありました。

それはそれで正しいことには違いありませんが、私も信号無視をするなど決して完璧に法を守っているわけではありません。また、迷惑行為は心情的には許しがたいことですが、私だって人知れず誰かに迷惑をかけているかもしれませんし、そもそもそんな愚かな人たちのために、自分の貴重なエネルギーを使って必要以上に気分を害することはないのです。

こうした期待値のしくみを知ったおかげで、愚かな人たちのせいで怒りを感じ、そのことでさらに憤ってしまうという、それまでの悪循環から私はようやく抜け出すことができました。

今でも、迷惑自転車に腹が立つことはあります。しかし、さすがに殺意を抱くほどの怒りは感じなくなり、最近は、我ながら大人になったものだとひそかに自惚《うぬぼ》れています。

他に私が怒りを感じる場面は、たとえば、歩き煙草をしている人と行き交ったり、混んだ電車のなかで足を投げ出したり組んだりして座っている人を見たり、ぶつかっても謝らない人がいたりなど、公共の場面での迷惑行為であることが多いです。私は自分が快適でいるために公共のルールにはかなり厳しいほうだと思うので、行きずりの人に対しても期待値が高く、その結果自らストレスを感じているのだと思います。

ちなみに、これらのなかに含まれる「～べき」思考は、「歩き煙草はしてはいけない」「混んだ電車のなかでは足を投げ出したり組んだりすべきでない」「人にぶつかったら謝るべきだ」などとなります。

「～べき」「～しなければならない」と、「～すべきではない」「～してはいけない」は裏と表の関係で、どちらも期待値は一〇〇パーセントです。

このように、怒りが生じているときには、必ず何かしらの「～べき」思考が隠れています。ひとつの事例のなかに、複数の「～べき」がみつかることも少なくないでしょう。どうぞ最近怒ったことを思い出して、そのときの「～べき」思考をたくさんみつけてみてください。

また、自分が怒っている最中にも「～べき」思考を探るようにすると、思わず衝動的になってしまうことを防げます。これは、怒りが大きいときほど効果的です。

こうした練習を重ねていくと、今まで意識していなかった自分の思いこみに気づけるようになり、その思いこみを修正することで怒りを減らしていくことができるようになります。

＊3―アメリカで生まれた言葉で、もともとの意味は、「アルコール依存症者の子どもとして育ち、大人になった人たち」ということ。診断名ではない。次第にその意味が拡大解釈されるようになり、八〇年代から「機能不全の家庭の子どもとして育ち、生きづらさを抱えながら大人になった人たち」として使われるようになった。「機能不全の家庭」とは、親が親として健全に機能しておらず（虐待、両親の不仲、親自身の病気、無関心、過剰な期待など）、子どもが安心して子どもらしくのびのび育つことができない家庭ということ。アメリカ元大統領ビル・クリントンがカミングアウトしたことで認知が広まった。生きづらいことの言い訳にするのではなく、「自分の生きづらさの由来を知り、成長の出発点とするための自己認識と自覚」のために使われることが望ましい。

怒りと裏感情

怒りの裏にある本当の気持ちとは何でしょうか。

私たちの感情には、「一次感情」と「二次感情」という二種類の感情があります。

一次感情というのは、何かあったその瞬間に感じる原始的な感情のことです。たとえば、悲しみ、寂しさ、怒り、喜び、驚き、恐れなど人間が生まれながらにしてもっている感情です。

二次感情は、一次感情から呼び起こされる感情のことで、怒りをはじめ、自尊心、恥、誇り、傲慢、困惑、罪、嫉妬など人間が後天的に学習や経験を重ねて身につけていく感情を言います。

一次感情が不快なものであると、私たちはその感情からなんとか逃げたいと思って二次感情をもつと考えられています。

怒りの感情のほとんどは二次感情です。つまり、その背景には不快な一次感情が隠れているということ。ここでは一次感情に限定せず、怒りの裏の本当の弱い気持ちを「裏感情」と呼ぶことにします。

たとえば、先の迷惑自転車の例で言うと、乱暴に走ってくる自転車に出遭ったとき、まずヒヤッとして身が硬くなります。「危ない!」と思わず口に出てしまうこともあります。女性なら「キャー」と叫ぶ人もいるでしょう。それから大きな怒りがやってきて、「もう!」とぶち切れそうになります。

つまり、最初から激しい怒りが湧いたわけではなく、最初に感じたのは驚きと恐怖でした。私は予想もしなかったできごとに驚いて、そのうえ身の危険を感じて怖かった。その驚きと怖さの分、怒りが大きくなったのです。

他には、たとえば誰かを待ってイライラしているときは、「いつまで待たされるんだろう？」という不安や「きょうは本当に会えるんだろうか？」という心配、「もしかしたら会えないかも」という恐れ、「このまま会えなかったら」という寂しさ、「こんなところでずっとひとりにさせられて」という恥ずかしさなど、さまざまな裏感情が考えられます。そして、その裏感情が強ければ強いほど、怒りも大きくなるのです。

つまり、怒りが大きければ大きいほど、裏にはその分弱い気持ちが隠されているということです。弱い自分をみせないように強い感情をみせて、自分を守っているとも言えるでしょう。その強い感情の代表が「怒り」というわけです。

自転車の例でおわかりのように、私がぶち切れそうになるときというのは、それほど自転車によって怖い思いをさせられているときです。私の家の近所には坂が多く、ときどきスピードを出した自転車が、突然身体すれすれのところを音を立てて走り抜けていきます。あれで接触されたら、身体の小さい私などひとたまりもありません。本当に身の危険を感じて怖いのです。だからこそ、ぶち切れそうになるのです。

ここまで私は迷惑自転車について書くのに、あえて「怖い」という表現を避けてきました。ここで初めて裏感情を明らかにしたのですが、おそらくここまで単に「過激で恐ろしい女だ」と思っていた方も、「それほど怖い思いをしたのだな」と多少は理解していただけたのではないでしょうか。

このように、怒りの裏感情というのは、自ら言葉にして表現しないと相手には理解してもらえません。「言わなくてもわかってくれるはず」というのは、相手に対する期待値が一〇〇パーセントを超えている過剰な甘えであり、ほとんど実現することはありません。そのため、ただ怒りをぶつけているだけでは、怒り狂ったウザいただのヒステリー女くらいにしか思われないでしょう。

しかし、ここで勇気を出して裏感情を素直に口にすれば、状況は一変します。

たとえば、男性と女性が待ち合わせをしていて男性が連絡なく遅れてきたとき、「もう、どうして連絡してくれなかったの。フン！」と怒りで相手を攻撃するより、「ああよかった。連絡とれないから何かあったかと思って心配しちゃった」と裏感情である「心配」を表現したほうが、相手は素直に「ごめんなさい」と謝ることができます。

これが、「もう、この間もそうだったじゃない！」なんて怒りにまかせて攻撃を浴びせかけてしまうと、遅れたほうも最初は悪いと思っていたのに、「だってしょうがないだろう。○○が××だったんだから。そんなこと言ったらそっちだって……」と逆ギレされてしまうかもしれません。そうなると、ただの痴話ゲンカになってしまって、本当の気持ちは置き去りにされてしまいます。

これに対して、「待ってるうちにだんだん不安になってきちゃって……」とか、「寂しかった」なんてしおらしく言えば、おそらく言われた男性は反省して素直に謝ってくれるのではないでしょうか。そして多分、次回からはもっと時間を意識するようになり、もし間に合いそうにないときはちゃんと連絡をくれるようになると思います。そうすれば、彼女も彼に感謝し、二人の時間はもっと楽しく充実したものになるでしょう。

これは、待ち合わせに限らず、メールのやりとりでも同じです。反応がない相手に対して怒りを爆発させるよりは、爆発するほど抱えてしまった弱い裏感情を表現したほうがずっと相手に気持ちが伝わり、理解が深まります。

こんなふうに、裏感情は同じなのに、その表現の仕方次第で結果が正反対になってしまうという例は、日常にいくらでもあります。

私たちは、つい弱い自分を恥ずかしいと思い、隠そうとしてしまいます。しかし、そうした弱い部分や本音をみせない限り、他人と理解し合うことはなかなかできないのではないでしょうか。

誰にでも弱い自分をみせる必要はありません。本当に理解してもらいたい人にだけ、勇気を出してあなたの裏感情を伝えてみましょう。きっとその人はわかってくれるはずです。

誰だって、そんな弱い気持ちを打ち明けてくれた人に強く出ることはできません。むしろ、打ち明けてくれたことに感動し、その弱い気持ちを大切に扱ってくれるでしょう。

弱い自分をみせると、相手に余裕を与えることができます。怒りの攻撃は相手を追いつめて相手も戦闘態勢にしてしまいますが、裏感情は相手を「なんとかしてあげたい」というお助けモードに変えるのです。「負けるが勝ち」の発想です。

怒りをぶつけても、その瞬間はスッキリするかもしれませんが、残念ながら、あなたの本当の気持ちは相手にまったく伝わっていません。せいぜい「怒らせると怖い」「うるさい奴」くらいが関の山です。「こんなに怒っているのにどうしてわからないの！」とあなたは言うかもしれませんが、「そうです。わかりません。わかるのは、あなたがものすごく怒っているということだけです。だってあなたはただ怒っているだけで、本当の気持ちを言ってくれていないから」。

「言わなくてもわかる」というのは、コミュニケーションの達人レベルになってできる極めて高度な能力です。カウンセラーでさえ、肝心なことは言葉にして確認します。ですから、これを相手に求めるのはまず無理なことであり、無理なことを求めて怒るより、わかってもらえるよう言葉にする努力にエネルギーをかけたほうが現実的だと思います。

裏感情の大切さはわかっていただけたでしょうか。

では、最近怒ったことを思い出して、そのときの裏感情をみつけてみてください。裏感情には、不安、自責、恐怖、嫉妬、心配、失望、悲しみ、寂しさ、恥、困惑、驚き、罪の意識などさまざまな弱い気持ちがあります。

さて、どんな弱い自分がみつかったでしょうか。

こうして怒りをどんどん掘り下げていくと、よく出てくるのは「脅威」、つまり何かに対する恐れや、「寂しさ」だと思います。

いちばん大きい脅威は命の危険を感じることですが、命以外でも自分にとって何か大事なものを失いそうなとき、私たちは脅威を感じます。たとえば、必要としてくれる人、面子、プライド、イメージ、経済力など、なくなったら困る大切な存在が脅かされたとき。自分は必要とされなくなるかもしれない、面子やプライドが傷つけられるかもしれない、イメージが崩れてしまうかもしれない、本性がばれて軽蔑されるかもしれない、お金がなくなって生活できなくなるかもしれないなど、危険を察知すると、私たちは自分を守ろうとして怒りの態勢に入るのです。

そういう意味では、現実と期待との不一致も、想像を超えているという「脅威」のひとつだと言えるでしょう。

また、怒りの裏感情に「寂しさ」があるケースも多く、先のひとりで待たされて怒った女性も、「ひとりで寂しかった」のかもしれませんし、相手がきちんと話を聞いてくれないときに「聞いてるの！」「聞いてんのか！」などと怒るのも、「相手にされていないようで寂しい」気持ちがあるのかもしれません。ひとりで孤軍奮闘しているときに感じる理不尽な怒りなどにも、「誰も助けてくれなくて寂しい」という裏感情があるかもしれません。

「寂しい」とは、何かが足りていない状態だということ。私は、その足りないもののほとんどは「愛」ではないかと思っています。本当は愛情を求めているのにそれが満たされない、そのギャップ（不一致）が怒りを生んでいると思えてならないのです。

しかし、皮肉なことに、愛情を満たすにはどうしてもリアルで濃いコミュニケーションが必要であるのに、寂しさを怒りで表現してしまうような人に限って、現実の人間関係が非常に薄いことが多い。特に、パソコン、ケータイ世代はそれ以前の世代と比べて圧倒的にリアルなコミュニケーションが減っています。また、一般に男性は、仕事以外のコミュニケーションを苦手としていることが多いですが、彼らは経験不足のために自信を持ちにくく、自信がないので傷つくことを極端に恐れ、ますますリアルなコミュニケーションから遠ざかってしまう。その結果、どんどん寂しさと怒りが大きくなるという悪循環に陥りやすいのではないかと思います。

結局のところ、経験不足は経験で補うしかないのですが、寂しさがケータイ、ゲームなどへの逃避や依存に向かっている限り、寂しさからくるイライラを根本的に解消することは難しいと思われます。

ケータイに限らず、依存というのは寂しさからくるものだと言われますが、愛情を求めているのなら、いつかは勇気を出してリアルなコミュニケーションに挑戦していかなければなりません。寂しい人が求めている真の愛情は、「傷つき」「傷つけられ」というリアルな体験のなかにこそあります。愛情とは、勇気を出した結果得られるご褒美のようなものであって、決して棚ぼた式に手に入るものではないのです。

傷つくのが怖いからといって、ケータイ、ゲーム、パソコン、食べ物、アルコールや、ギャンブル、恋愛、セックス、仕事、買い物、自傷などの行為に逃げてばかりいると、よりいっそう深い依存状態に陥り、なかなか抜け出せなくなってしまいます。

二〇〇七年に流行したＫＹ（「空気読めない・読めていない」の略語）という言葉は、場の空気が読めず状況にふさわしい言動ができない人のことを批判的に表現したものですが、こうした言葉の登場は、まさにＫＹな人が増えたという証であり、リアルなコミュニケーションが減ったために他人との距離感をとることがとても難しくなってきているという証でもあると思います。

ケータイ世代に限らず、怒りの裏感情が「寂しい」だった場合は、リアルなコミュニケーションの経験値を上げていくように意識を切り替えていく必要があるでしょう。

このように、自分の内側を探っていくことが「ココロの声を聴く」ということです。つまり、「自分に向き合う」ということです。

ココロの声を聴くと、自分の本当の気持ちを理解することができます。自分で自分の気持ちがわからない（自己不一致）と、それだけでなんとなくイライラしてしまいますが、自分のことがわかるようになる（自己一致）と、そのイライラは自然に解消していきます。

自分の本当の気持ちがわかれば、他人にそれを伝えることもできます。そうすれば、相手もあなたに本当の気持ちを話してくれるかもしれません。こんなふうに人間関係というのは相互作用で深まっていくものです。

自分が怒っているとき、「〜べき」思考と同時に裏感情をみつけるようにすると、あれほど扱いかねていた怒りは宝の山となり、あなたのコミュニケーションはきっと劇的に変わっていくでしょう。

第三章

怒りの三段活用

怒りを感じる(三段活用I)

ここからがいよいよ怒りに対処する実践編です。対処するには、まず怒りを感じなければなりません。そこで、第二章で紹介した怒りの種類を参考にして、さまざまな怒りを感じることから意識してみましょう。

特に、「なんかちょっと違う……」というような小さい怒り、つまり「違和感」が重要。そして、ここでのポイントは、「怒りを感じる自分に罪悪感をもたない」ということです。

第二章で説明した通り、「感情にいい悪いはない」のですから、怒りを感じることは悪いことではありません。どんな感情も平等に感じていいのです。

怒りは不快な感情ですが、その不快感こそが私たちに大事なメッセージを送ってくれるものだと思えば、怒りが少しでも受け入れられるような気がしてこないでしょうか。

そして、私たちはそのメッセージをヒントに、自分のよくない思考パターンや行動を自ら変えていくことができるのです。

普段怒りを抑圧している人は、どうぞ怒りを感じる自分を許してあげてください。スタートはここからです。

最初は少し難しいかもしれませんが、焦らず少しずつ練習していきましょう。もし怒りを感じることにどうしても抵抗があるようなら、どうぞカウンセラーなど専門家の力を借りてください。それくらい、今までたくさん抑圧してきた人にとって、怒りを感じることはおそろしいことだと思います。

大丈夫、怒りはあなたの味方です！

次に、怒りが感じられるようになったら、ぜひ気をつけていただきたいことがあります。それは、衝動を抑えること。

怒りの扱いに慣れていない人は、つい怒りを衝動的に表現してしまいがちです。しかし、衝動的な言動は百害あって一利なし。これを頭のなかにたたき込んでおいてください。

ときどき、「私は直感を信じて行動します」と反発する人もいますが、直感と衝動はまったく別のものなので、どうぞ誤解しないでください。衝動を抑えても、直感は活かせます。むしろ、衝動を抑えたほうが、直感をうまく活用できると思います。

今まで衝動的な言動をして後悔したことのある人も多いでしょう。実は私もそのひとりです。この本は私の後悔から生まれたと言っても過言ではありません。

かつて私は「いい子でいなければならない」という呪縛《じゅばく》にとりつかれていたので、自分の感情を抑えがちでした。まして、怒りはなかなか表現できなかったのですが、ときどき内側にたくさん溜まったものが溢れ出てしまうことがありました。

たとえば、つきあっている男性との間で感じていた不満を口にすることができず、どんどん溜めこんでいったあげく、些細なことをきっかけに突然バッサリと関係を切ってしまったこともあります。

上司のやり方にどうしても納得がいかず、反抗的な態度をとって、「オレのやり方に文句があるならやめろ！」と逆ギレされたこともあります。

いちばんひどかったのは、母との関係で、「いい子をやらされた」という被害者意識から、何度もひどい言葉を浴びせかけました。今は本当に申し訳ないことをしたと思いますが、当時の私はそれほど怒りを溜めこんで追いつめられていたのだと思います。そして、残念なことに、この本に書いているようなことを何ひとつ知りませんでした。

結果的に感情を解放できたことについて後悔はありませんが、その方法を早く身につけていれば、もっとお互い傷つかなくてすむ方法があったのにと、今は大いに後悔しています。

母とは血のつながりがあったおかげか、激しいバトルの末に深い関係を築けるようになり幸運だったと思いますが、もし赤の他人とだったら、なかなかこうはいかなかったはずです。実際に、公私にかかわらず、バトルにいたる前にどちらかが一方的に不満が爆発して切れてしまった関係が、今までにいくつかあります。

お互いに理解しあうことは非常にエネルギーのいることですから、かかわるすべての人と真剣に向き合う必要はないのですが、それにしても、今となればもう少し後味のいい終わらせ方があっただろうと反省することも多くあります。

具体的には、「感情的になるのではなく、感情を上手に表現すればよかった」という反省です。

よく誤解されることですが、「感情的になる」ことと「感情を表現する」こととはまったく違います。

会社などで「感情は抑えなければならない」と思われているのは、「感情的になってはいけない」という意味であって、「感情を抑圧しなさい」「感情を表現してはいけない」という意味ではありません。

「感情的になる」とは「衝動的な言動をする」ということで、たとえば、カッとして怒鳴りつける、机やイスを蹴っ飛ばす、口汚くののしる、泣き出す、場違いな大笑いをするなどがそれにあたります。たしかにどれも職場にはふさわしくない行為です。

しかし、仕事中でも私たちにはさまざまな感情が自然に起こっています。それを無理矢理抑えつけるというのはトイレをがまんするようなものであり、とても不自然で健康にもよくないことです。実際、感情を抑圧しすぎると本当に感情が感じられなくなってうつ病などの病気になってしまいます。だからこそ、「上手に感情を表現する」方法を知って、その都度適切に感情を出していくことが、今求められているのだと思います。

そして、「感情を表現する」とは、言い換えれば「裏感情を表現する」ということです。このことについては、第四章の「怒りの上手な表現方法」で詳しくご紹介します。

それでは、具体的な衝動の抑え方をいくつか紹介しましょう。

いちばんいいのは、物理的にその場から離れることです。もし少しの間席をはずすことができるなら、それが理想的です。「トイレに行く」と言って席を立ってもいいでしょう。ただし、一度席を立ったら、相手をあまり長く待たせないこと。待たせすぎると相手もイライラして逆効果になります。

他には、怒ると興奮して息が浅くなることから反対に「深呼吸する」、血がのぼった頭を冷やすために気をそらす方法として「数を数える」、気を静めるために自分だけの呪文のようなものを予《あらかじ》め作っておいてココロの中で唱える「おまじない」（＝自己暗示）などがあります。

そうしてひと呼吸おくことで少しでも気持ちが落ち着けば、状況を冷静に把握して、次の展開につなげていくことができるでしょう。

また怒りを感じたときは、身体のどこかに何か反応があることが多いので、その前兆をできるだけ早く感じとれるようになると、それが予防につながります。たとえば、「全身が熱くなる」「手が震える」「こめかみのあたりがピクピクする」「胸がドキドキしてくる」「顔がこわばる」「気持ちが悪くなる」などの反応を感じたら、その時点で何らかの対処法を講じるようにすれば、さらに予防効果が高まります。

さあ、自分が怒ったときの身体の反応パターンを思い起こしてみてください。

怒りを分析する（三段活用Ⅱ）

では、あなた自身の怒りについて、具体的に例を出して分析していきましょう。

第二章で説明したように、怒りの三段活用とは、Ⅰ自分のなかの怒りに気づいて怒りを認め、IIその怒りの内容を分析し、IIIその怒りにどう対処するか決めて実行する――ことです。

ここでは、まずIとIIの洗い出しをしたいと思います。

今までは一般的な怒りのお話をしてきたので、ここからは、ご自分の怒りの傾向をつかんで実生活に活かしていけるように、過去の経験をふり返ってみてください。

自分のパターンがわかってくると、次の第四章「怒りの上手な表現方法」で自分の例をあてはめて考えられるので、より実践につなげやすくなると思います。

以下の質問には、私の例を参考にしながら頭で考えていただいてもかまいません。しかし、書き出して言語化することで、よりその内容が明確になり、セルフ・カウンセリング効果も高まるので、できれば書いてみることをお勧めします。

Q1　最近怒ったときのことを、怒りの大きさごとに思い出して書き出してみましょう。なければ昔のことでもかまいません。

①　大（例：サラリーマン時代、上司に怒鳴られた）

②　中（例：宅配便が指定した時間に来ない／約束に遅れそう）

③ 小（例：コンビニに出入りするとき、入り口付近で煙草を吸っている人がいる／外を歩くとき、ケータイや音楽に気をとられている人と遭遇する）

Q2 それぞれの怒りをあなたの言葉で表現してみましょう。

① 大（例：「信じられない」「許せない」）

② 中（例：「なんで？」とかなりイライラする／出かけるのが遅い自分にイライラする）

③ 小（例：「またか」とムッとする／「邪魔だなあ」と一瞬イラッとする）

Q3 そのとき何か身体の反応はありましたか？

① 大（例：全身が熱くなり震えるかんじがした。特に頬から上がカーッとして身動きがとれなくなった。自然と涙が溢れてきた）

② 中（例：集中力がなくなり、落ち着きがなくなるかんじ／焦って呼吸が浅くなる）

③ 小（例：一瞬身体に力が入りこわばる／眉間にしわが寄る）

Q4 その怒りは誰に対してのものでしたか？
①大（例：私を怒鳴った上司）
②中（例：宅配業者／自分）
③小（例：煙草を吸っている人／ケータイや音楽に気をとられている人）

Q5 あなたはそのときどんな対応をしましたか？
①大（例：ほとんど一方的に怒鳴られていたが、少し反論した）
②中（例：何もしなかった／「落ち着け」と自分に言い聞かせる）
③小（例：息を止めた／追い抜かす）

Q6 そのあとの気持ちはどんなでしたか？
①大（例：悔しくて仕方なかった。腹立たしい。超ムカつく）
②中（例：納得がいかない。釈然としない／「またやってしまった」と情けなく思う）
③小（例：不運を嘆く気持ち／あきらめ）

Q7　どうやって、その怒りを解消しましたか？

①大（例：いろいろな人に喋りまくった）

②中（例：遅れて届けにきた担当者に日時指定をしていたことを話した／相手に謝罪して反省する）

③小（例：運が悪かったと思って忘れるようにする／「いつか怪我するだろう」と内心で悪態をつく）

Q8　今ふり返ってみて、あなたが怒りを感じた理由は何だったのでしょうか？

①大（例：上司の独善的で暴力的な言動、一方的な決めつけ、脅し）

②中（例：その時間を空けて待っていたのに、約束を無断で破られ時間を無駄にさせられた／毎回出かけるのがギリギリになってしまう学習能力のない自分）

③小（例：公共の場で他人の迷惑を省みない行動。出入り口付近にたむろしていたり、歩きながら何かしていると、通行の邪魔になる）

Q9　本当はどうしたかったですか？
①　大（例：きちんと話し合いたかった。こちらの話も聞いてほしかった）
②　中（例：約束を守ってほしかった。もし無理なら連絡してほしかった／余裕をもって出かけたかった）
③　小（例：できることなら煙の前は通りたくなかった／「歩きながら族」には打つ手なし）

Q10　もし、相手に何か言うとしたら何が言いたかったでしょうか？
①　大（例：衝動的には「ふざけんな！　従業員だと思ってバカにするな！　偉そうに！」。冷静に考えると「怒鳴らないでください。もっと穏やかにわかりやすく話してください。そして、私の話も聞いてください。そんなふうに脅されても、あなたをもっと嫌いになるだけです」）
②　中（例：「約束は守ってください。守れないときはなるべく早く連絡してください」／「いつもギリギリになるんだからもっと早く家を出なさい」）
③　小（例：「喫煙は密閉の喫煙室か、まわりに人がいないときにお願いします」／

「何かしながら歩くときは通行人の邪魔にならないように気を配ってください」）

ここまでやってみた感想はいかがでしょうか。何か気づいたことはあったでしょうか？
それでは、ここでこれらのまとめをしてみたいと思います。

Q11 あなたが怒りを感じやすいのは、どんな状況でしょうか？

Q12 あなたが怒りを感じやすいのは、誰に対してでしょうか？

Q13 あなたの怒りの表現は、どんなものが多いですか？

Q14 あなたはいつもどうやって怒りを解消していますか？

これらの質問に答えていくことで、だんだんと自分の傾向がつかめてきましたか？

「～べき」思考をみつける

自分の例がいくつか出せたら、ここからその内容を分析していきます。

第二章で、怒りを感じるときは、その背後に「～べき」という思考が隠されていると説明しました。

では、実際に私の例を使って、「～べき」思考をみつけてみましょう。

①の「上司に怒鳴られた」とき、そのときの私は立場上ほとんど言い返すことができず、その分自分の内側に猛烈な怒りが溜まりました。今ふり返ると、そのとき私のなかに浮かんだ「～べき」思考には次のようなものがあったと思います。

「いくら頭にきても怒鳴るべきではない」「従業員でも尊厳は守られるべきだ」「私はこんなふうに扱われるべきではない」「言いたいことがあるなら、わかるように説明するべきだ」「一方的な思いこみでものごとを決めつけるべきではない」「『女はヒステリーだ』が口ぐせなのだから、自らヒステリーを起こすべきではない」「上司は人格的にも優れていなければならない」「権力者は権力を笠に脅すようなことを言ってはいけない」「経営者は従業員に安全快適な職場環境を提供しなければならない」……。

他にもまだあるかもしれませんが、こんなところでしょうか。やはり怒りが大きいときは「〜べき」思考も数が多く、内容も強烈です。

次に②の「宅配便が指定した時間に来ない／約束に遅れそう」のときの私の「〜べき」思考は、「約束は守るべきだ」「約束を守れないなら連絡するべきだ」「できないサービスは受けつけるべきではない」「他人の貴重な時間を奪ってはならない」……。

③の「コンビニに出入りするとき、入り口付近で煙草を吸っている人がいる／外を歩くとき、ケータイや音楽に気をとられている人と遭遇する」ときは、「建物の出入り口にたむろするべきではない」「歩くときは前を見て歩くべきだ」「歩くときは突然立ち止まったり、蛇行しながら歩くべきではない」「外で音楽を聴くときは、せめて人の声が聞こえる程度のボリュームで聴くべきだ」「公共の場では、他人に迷惑をかけないように気を配るべきだ」「個人的な楽しみは個人的なスペースで行うべきだ」「善良な市民がこうした無神経な人たちに迷惑をかけられるべきではない」……。

このように見ると、私の怒りと「〜べき」思考には、ある傾向が感じられます。

強い怒りを感じるときは人権や尊厳をないがしろにされていると感じるとき、中くらいの怒りを感じるときは時間とそれに伴う労力を無駄にした、されたと感じるようなとき、また、小さな怒りは公共の場での迷惑行為で感じることが多いようです。

そして、すべてに共通しているのが、怒りの対象になっている人の行為がどれも他人に対する思いやりに欠けている自分勝手なものであるということ。どうやら私の場合は、一方的なコミュニケーションに対して怒りを感じやすいようです。

他に一般的な例として、たとえば「待つことが苦手」な人の「〜べき」思考は、「早く○○すべきだ」「私は待たされるべきではない」などが考えられます。

また、ものごとがうまくいかないときに感じる怒りには、「ものごとはすべてうまくいくべきだ」「失敗をしてはいけない」「私はミスをおかすべきではない」などの「〜べき」思考があるでしょう。

いかがでしょうか。あなたの怒りの裏にある「〜べき」思考はどんなだったでしょうか？　そこから何かみえてくることはありますか？

裏感情をみつける

次は裏感情です。裏感情とは、怒りの裏に隠れている本当の弱い気持ちのことでした。では、私の例を使って見てみましょう。

①の「上司に怒鳴られた」ときの怒りの裏には、まず予想外に突然怒鳴られた「驚き」、

怒鳴り声に対する「おびえ」、首を切られるかもしれないという「恐怖」、明日から無職になるかもしれないという「不安」、同僚の前で怒鳴られたことへの「恥ずかしさ」、上司がこんなにわからず屋で暴力的だったのかという「失望」、今後の職場に対する「絶望」など、さまざまな感情が入り乱れていたと思います。

ひと言で言えば、自分の人権が侵害されているかのような「脅威」だったと言えるでしょう。だからこそ、今でも忘れられないほどの衝撃すなわち「怒り」を感じたのです。

②の「宅配便が指定した時間に来ない／約束に遅れそう」のときは、出かけるまでに荷物を受けとれないかもしれないという「焦り」、もしかしたら何か手違いがあったのではないかという「不安」、荷物をあてにして立てていた計画が狂ってしまう「困惑」や「失望」、私が遅れることで相手の時間を無駄にしてしまう「自責の念」などがありました。

③の「コンビニに出入りするとき、入り口付近で煙草を吸っている人がいる／外を歩くとき、ケータイや音楽に気をとられている人と遭遇する」ときは、遭遇してしまった不運を嘆く「失望」、煙草の臭いにおいが髪や洋服につくのではないかという「危惧」や「懸念」、そこまでして煙草、ケータイ、音楽などに執着する姿をみっともなく思う「嫌悪」、注意力散漫な彼らの次の行動が読めない「不安」、近くにいるとぶつかってしまいそうな

「恐怖」、自己中心的な人たちゆえにかかわったら何をされるかわからない「危機感」などがあります。

こうしてみると、私の場合は、予想外のことが起きたときや起きそうなときに「不安」「焦り」「困惑」「恐れ」などの「脅威」や「失望」を感じることが多いようです。

しかし、予想外のことが起きるのが人生の醍醐味。少しでもこうした事態に余裕をもって臨みたいと少しずつ練習しているつもりですが、まだまだ私も経験不足、修行が足りないようです。

では次に、他人が怒っているときのことを考えてみましょう。

たとえば、私を怒鳴った上司の裏感情はどうだったのでしょうか。

彼もそのときは目が本当に三角になっていました。相当頭に血がのぼっていたと思います。つまり、裏感情のしくみから考えると、何か相当な脅威を感じていたということ。男性の場合、いちばん多く考えられるのは面子をつぶされることによる「恐怖」だと思いますが、おそらく彼は、私をはじめとする従業員たちが、自分の統制力のなさを見抜いて陰で批判していることを日頃から薄々感じていて、「焦り」や「不安」、「屈辱感」などがある日突然限界に達し、怒りの大爆発となったのでしょう。今思えば、彼なりの精一杯の威《い》嚇《かく》だったのだろうと思います。今となれば、あそこまで脅威を与えてしまったことを少し申し訳なく思います。

こんなふうに、裏感情のしくみを知ると、自分の怒りについてだけではなく相手の怒りについても、今までと違った対応ができるようになります。

たとえば、サービス業ではお客様からのクレームを受けることも多いと思いますが、そんなとき、もし相手が攻撃的だとしたら、それはその人の裏感情がそれだけ大きいということ。

いちばん考えやすいのは、期待が裏切られたことによる「失望」かもしれません。期待が大きければ大きいほど、失望感も大きくなり、怒りも大きくなります。クレームの場合は、まずこのことを謝罪してしまうと、相手は強く出にくくなるのではないでしょうか？

また、匿名性があるとクレーマーは勢いがつきますから、最初に名前や連絡先を確認してしまうのも、相手を感情的にさせない効果があると思います。

その他、どんな不都合を味わったのか、どのような困った事態になったのかなど、相手がどんな裏感情を感じたのか読み取るようにして話を聴くといいでしょう。たとえば、失望の「がっかり」感と同時に、期待はずれの「悲しさ」もあるかもしれません。あるいは、それを使うあてがあったのに、使えなくなったために計画が変更を余儀なくされた「困惑」、代わりがみつけられるかどうかという「不安」、もし誰かと約束していたとすれば「恥」をかいてしまうかもしれない「恐怖」などが考えられます。

ここで、なにより大事なのは、相手の怒りを伝染させないということです。

何度も書いているように、感情はそれぞれの認知（思考）によって起きるので、怒りを起こしているのはその人本人です。つまり、「相手の怒りは相手のもの」。自分のせいではありません。

もし、怒りのきっかけをつくってしまったのだとしても、自分に非のある部分について謝ってしまえば、あとは責任を感じる必要はないのです。

とはいえ、怒りのパワーは強烈なので、油断しているとすぐに伝染してしまいます。攻撃をしかけられれば防御の構えをつくってしまうのが動物的な本能です。従って、自分に向けられる怒りが大きければ大きいほど、自分を守るための防御態勢が強くなるのも自然なこと。

しかし、ここで怒りを怒りで受けてしまうと、私とかつての上司のように最悪の展開になってしまいます。

弱い裏感情を隠そうと大きな怒りをぶつけてくる人と、大きな怒りに脅威を感じて身を守るために同じような怒りで対抗してしまう人、こうした状況を想像してみてください。

お互いに自分のことばかり主張して、話は平行線。「攻撃VS攻撃」の戦いはどんどんエスカレートしていって、エネルギーばかり無駄に消耗し、もともとあった弱い裏感情などどこかへ吹き飛んでしまいます。まさに「売られたケンカは買う」「火に油を注ぐ」状態。私と私を怒鳴った上司がいい例です。しかも、それだけ消耗して、残るのは理解してくれない相手への恨みや憎しみのみ。こんなバカバカしいことはありません。

本当は弱い気持ちがあったからこそ大きな怒りになったのですから、怒りを向けられたときは、その弱い気持ちのほうに意識を向けるようにしましょう。そうすると、怒りを怒りで受けとめずにすむようになります。怒りの悪循環を防ぎ、建設的な話し合いに変えていくことができます。

他人から怒りを向けられたときは、自分の怒りのときと同じように、まず、相手の怒りを認めましょう。そして、「この人の裏感情は何だろう」という気持ちで相手の怒りを受けとめましょう。

そうすれば、怒りを伝染させることなく、他人からの怒りにも冷静に対処できると思います。たとえ相手の怒りをおさめることはできなくても、その怒りを増幅させずに少しでもおさめるためのお手伝いはできると思います。

怒りが湧いているときは何らかの「～べき」思考があるということ、怒りの裏にはとても弱い感情（裏感情）が隠れていて、その裏感情が大きければ大きいほど怒りが大きくなるということ、そして裏感情を考えることは相手から怒りを向けられたときにも極めて有効だということをどうぞよく覚えておいてください。

怒りに対処する（三段活用Ⅲ）

さて、いよいよどう怒りに対処していくかを説明していきましょう。

怒りへの対処はストレス・マネジメントの一つなので、第二章で説明したように、原因と結果（反応・症状）の両方に働きかけていきます。この場合、原因は「～べき」思考と裏感情について、結果は怒りの表現について、それぞれ対処していきます。

「～べき」思考というのは、期待値が一〇〇パーセントであるということでした。そのため、結果が一〇〇パーセントでないとそのマイナス分が怒りになってしまう。一〇〇パーセントを期待していると、一〇〇パーセントの結果が得られても達成感や充実感は少なく、むしろほとんどのものごとは思い通りにならないので、たいていのことがマイナス評価となり、イライラすることが多くなってしまいます。

つまり、イライラ解消のためには、期待値を少し下げればいいというわけです。

たとえば、期待値を九〇に下げられれば、九〇〜一〇〇の結果は予想以上の喜びになります。今までこの部分はイライラの種だったのですから、天と地ほどの違いです。何より、期待値が一〇〇のときは「喜ぶ」ということが滅多になかったのですから、この違いはとても大きいのではないでしょうか。イライラの代わりにワクワクがやってくる、これは画期的な変化です。

具体的には、今まで「〜べき」「〜なければならない」「〜してはいけない」などと考えていたことを、「〜だったらいいなあ」「〜であるに越したことはない」「〜したい」「〜ほしい」などに言い換えていきます。英語で言うなら、今まで「must」や「should」を使っていたのを、「wish」「hope」「like」などに言い換えます。

こうすることで、期待値は自然と一〇〇から八〇くらいに下がります。その結果、ものごとが期待通りにならなくても「残念だけど仕方ない」と思えるようになればしめたものです。

たとえば、これを私の「〜べき」思考で試してみると、「自転車は車道を走るべきだ」↓「車道を走ってくれるといいなあ」となります。実際に私は自転車に遭遇するたびにこう思うようにしています。すると、本当に同じことをされても怒りの大きさが以前より小さくなっているのを感じます。

「車道を走ってくれるといいなあ」と思えれば、車道を走っている自転車をみると「えらい！」とほめてあげたくなります。今まで当然だと思っていたことが当然ではなくなったのです。

そして、自転車が歩道を走っていても「またか。しょうがないなあ」、もし歩行者の邪魔にならないように遠慮していたりしたら「よしよし、いい心がけだ」という温かい気持ちになります。

今まで恨みつらみの対象でしかなかった自転車から喜びや感謝さえ感じられるようになるとは、夢にも思っていないことでした。それくらい、受けとめ方の違いというのは、ココロの状態に差を生むのです。

もちろん長年恨んできた自転車に対して、急にココロが広くなったわけではありません。「〜べき」思考と怒りの関係を知って、自転車に出遭うたびに「車道を走ってくれるといいなあ」と何度も何度もつぶやいて、今までの思考を変えるように練習したのです。それは今も続いています。

なぜなら、考え方のくせは身体のくせと同じで、そう簡単にはなおらないからです。長く身についていたことならなおのこと。禁煙やダイエットと同じです。だから、何度もあきらめずにくり返し練習し、悪いくせに戻ってしまわないようにときどき復習することが大切なのです。

それでは、もっと一般的な「〜べき」思考で練習してみましょう。

「早く〇〇すべきだ」→「早く〇〇してくれたらいいなあ」。「私は待たされるべきではない」→「待たされないに越したことはない」。「ものごとはすべてうまくいくべきだ」→「うまくいくといいなあ」「うまくいくに越したことはない」。「失敗をしてはいけない」→「失敗はしないに越したことはない。しかし、失敗することもある」。「私はミスをおかすべきではない」→「ミスはおかさないに越したことはない。しかし、誰でもミスをおかすことはある」。

いかがでしょうか。あなたの期待値は少し下げられそうですか？

裏感情を表現する

さあ、「〜べき」思考を修正して期待値を下げられたら、少し怒りが小さくなって冷静になったところで、感じた怒りを表現するかしないかを決めましょう。

第二章で紹介したように、怒りの表現には以下の三つの方法があります。

I　攻撃的——自分の気持ちを大切にする
II　非主張的——相手の気持ちを大切にする
III　アサーティブ（提案・交渉）——自分の気持ちも相手の気持ちも大切にする

くり返し念を押しますが、このように並べるとIIIがいいような気がしますが、いつもIIIを選ばなければならないということでは決してありません。

自分の感情は自分に責任があるように、自分の行動も自分に責任があります。従って、どんな行動を選ぼうと、それは本人の自由。ただし、行動を選んだのだから、それに伴う結果の責任も負わなければなりません。

つまり、あなたが感じた怒りの表現は、自分でその結果まで責任を負う覚悟があれば、表現しようがしまいが、もし表現するとしたらどう表現するかまで、すべて自分で好きに決めていいのです。

たとえば、電車のなかでの私のように、何か言いたいことがあっても身の安全を守るためにグッとがまんして黙って去るという選択（II）もありますし、がまんの限界に達し「あとは野となれ山となれ」的な覚悟で言いたい放題言ってしまうという選択（I）もありでしょう。

そして、冷静に自分の気持ちと欲求を伝え、相手と交渉して理解を深めること（III）を選ぶこともできます。しかし、IIIを実行するのはとてもエネルギーのいることなので、エネルギーを使うにふさわしい相手と状況を選ぶことも重要でしょう。

このように、どんな選択をしてもいいし、しなくてもいいのです。ただし、「選択をしない」というのもまたひとつの選択だということをどうぞ忘れずに。

私たちは誰に強制されることもなく、自分の好きな選択をし、行動することができます。そしてその責任を負えるのは、行動した本人だけ。どちらにしても責任が問われるならば、ひとつひとつの行動に責任をもって自分で納得のいく選択（表現）をしたほうが後味がいいのではないでしょうか。

第四章　怒りの上手な表現方法

怒りを上手に表現するとは、怒りの基となっている満たされていない自分の欲求をできるだけ満たせるように、欲求を満たしてくれていない相手に自分の本当の気持ちを伝えて話し合いをするということです。

話し合い、つまり交渉をするので、感情的になってはいけません。感情的になるということは、相手を攻撃するということ。これでは話し合いになりません。

感情的にならないように気をつけながら、できるだけ穏やかに感情を語る、つまり裏感情を伝えるのです。

裏感情というのは、怒りの裏にある本当の弱い気持ちのことなので、「強くなければならない」「弱い自分をみせてはならない」などの「〜べき」思考のある人は、裏感情を他人に明らかにすることに抵抗を覚えるかもしれません。「弱い自分をみせたらバカにされるんじゃないか……」などの不安に襲われるような気がするかもしれません。

しかし、逆を考えてみてください。

そんな心配は無用です。

「怖いです」「不安です」「混乱しています」と言って、白旗をかかげている人に追い打ちをかけて攻撃する人はそうそういません。

日本人には、「武士の情け」という弱者救済の文化もあります。弱い感情をみせている人を助けようとする気持ちにはなっても、バカにしようという気持ちにはなりにくいものではないでしょうか。

特に、普段仕事ができてあまり隙を感じさせないような人が、ホロッと弱い感情をみせたとしたら、それはとても相手のココロを動かす効果的な作用をもたらすと思います。

私は個人的に、弱っているときに弱っていると言える人が本当の意味で強い人だと思っています。そして、そういう弱い自分もそのまま受け入れられている人に成熟した大人の魅力を感じます。

事実、裏感情、欲求と願望を整理する

まず、一方的に自己主張するのではなく、相手の言い分もよく聴いて建設的な話し合いをする決意をしましょう。

仕事と同じように、いい話し合いをするためには事前の準備が大変重要です。

そのためには、自分の怒りを冷静に分析しなければなりません。

怒って感情的になっているときは、たいてい事実と感情がグチャグチャになっています。

よく話を聴いてみると、「……に違いない」とか「……はずだ」という思いこみが混ざっていることがとても多く、これではとても建設的な話し合いになりません。

カウンセリングのときは、「それはあなたの想像ですか。それとも本当にその人がそう言ったんですか」というように、事実と気持ちとを分けて尋ねます。そうすると、歯切れ悪く「私がそう思っただけです」などの答えがよく返ってきます。これをひとりで自分に対して行います。

このように、話し合いのためには、事実と感情とをきちんと分けてみるという作業がとても大切になります。逆の立場になれば、話し合いのときに根拠のない妄想に基づいて語られても迷惑なだけだと思うのですが、いかがでしょうか。

ここで事実と感情とを分けることができ、さらに怒りの裏感情までつかむことができたら、次は「〜べき」思考をみつけたときに出てきた自分の欲求や願望を再確認しましょう。

次の例を参考にしてください。

「怒鳴るべきではない」→「怒鳴らないでほしい」。「約束は守るべきだ」→「約束は守ってほしい」。「守れないときは連絡するべきだ」→「連絡してほしい」。「道を歩くときはまっすぐ歩くべきだ」→「まっすぐ歩いてほしい」……。

こんなふうに、交渉に臨む前に、「～べき」のなかから、自分の求めていることをみつけておきましょう。

怒りを表現する

怒りを上手に表現して、相手との理解を深めるための話し方は次の順番です。

一 事実を述べる
まず、できるだけ客観的、具体的に対象となる状況や相手の言動を述べます。ここに主観を入れると混乱します。自分の想像や思惑をまじえないように、余計な修飾語は控えましょう。

二 自分の裏感情を伝える
素直に、今困っていることや自分の弱い気持ちを伝えましょう。

三 自分の欲求・願望を提案する

「〜べき」思考から導き出された自分の欲求や願望を、具体的で現実的な提案にして、相手に伝えましょう。このとき大事なのは、こちらの提案が受け入れられる可能性は五〇パーセントの確率だということです。五〇パーセントは断られる覚悟で提案しましょう。

もし、Ｙｅｓの確率を上げたければ、相手にとってより妥協しやすい案を考えましょう。

Ⅳ　相手に選択してもらい、次の言動を決める

Ⅲの提案に対する返事をもらいます。

Ｙｅｓなら、「ありがとう」でハッピーエンド。しかし、五〇パーセントの確率でＮｏがきますから、その場合は次の言動を考えなければなりません。

Ｎｏの場合、次に考えられる選択肢は二つ。さらに交渉を続けるか、あきらめるか。

あきらめる場合は、「残念です」と言ってさわやかに立ち去りましょう。もし、さわやかに立ち去れない場合は、せっかくですから、再度交渉してみてはどうでしょうか。

再交渉する場合のポイントはⅡとⅢにあります。つまり、裏感情と提案に何か問題があったから、相手がＹｅｓと言ってくれなかったということです。再交渉するためには、こ

こを練り直さなければなりません。

では、反対の立場になったときに、自分が思わず「うん」と言ってしまうケースを考えてみましょう。

たとえば、私は先約優先主義なので、よほどのことがない限りは予定を入れ替えませんが、それでも稀に先約を変更してあとからの誘いを受けることがあります。また、フラッと立ち寄ったお店で、予定外の買い物をしてしまうこともあります。

どちらも、提案の内容がすばらしく自分の関心に合っているときか、誘ってくれた人の熱意にほだされたとき、あるいはその両方があるときです。

いい例が、化粧品売り場でついお肌チェックなどを受けてしまったとき。数字によるごまかしきれない老化をみせつけられたところに、アンチエイジングのすばらしい美容液を勧められ、そのうえ、お店の人がとても熱心で感じがいい。こうなると、Ｎｏを言うのは至難のわざとなります。

どうやら、人がある提案を受けるか受けないかは、その内容と相手の熱意によるところがとても大きいといえそうです。ということは、再交渉するにあたって再検討すべきは、提案の内容と気持ちの伝え方ということになります。

ここで作戦は三通りあります。

もっと熱意を伝える（Ⅱ）、提案の内容を変える（Ⅲ）、その両方をする（Ⅱ＋Ⅲ）です。

提案の内容を変える場合は、もっと相手にとってメリットのあるような内容を考えます。これは、自分がさらに妥協するということでもありますから、どこまで妥協できるか自分のラインを決めておく必要があるでしょう。

もっと熱意を伝える場合は、自分がどれほど困っているか、弱っているかをもっと詳しく別の言葉で説明する必要があります。恥ずかしがって裏感情をきちんと伝えないでいると、相手にはそれほど困ってなさそうだとしかうつりませんから、熱意で相手のココロを動かしたいなら、正直に弱い気持ちを伝えましょう。

そして、言うまでもなく、この両方を伝え、提案を受け入れてくれたあとに享受できる相手のメリットまでアピールできれば、さらにＹｅｓの確率は高まるでしょう。

しかし、それでもＮｏの可能性がなくなるわけではありません。もしまたＮｏがきたら、また再交渉するかしないかを決める、これのくり返しです。

それでは、怒りを感じやすい場面での交渉の例をいくつか挙げてみましょう。

〈例① 待ちぼうけのあと〉

連絡がとれない状態でずっと待たされていると、誰でもだんだん気分が悪くなってきます。ここに相手があらわれると、一瞬気がゆるんで、そのあと怒りをぶつけたくなります。しかし、ここで衝動的に「(あなたは) 遅い! なんで (あなたは) 連絡くれなかったの!」とやってしまうと、お約束の「だって」が始まり、売り言葉に買い言葉状態になってしまいます。

もし、もう待ちぼうけをくいたくないと真剣に思うなら、ここはグッと衝動をこらえて、穏やかな話し合いにもっていきましょう。

そのために、まず待っていて気分が悪くなってきたとき、今の自分の「〜べき」思考や裏感情を考えます。そうすると、「時間通り来るべき」「連絡すべき」「不安」「寂しさ」「憂うつ」などが出てくるかもしれません。「〜べき」思考がみつかったら、それを修正(=期待値を下げる) しながら怒りを静めましょう。たとえば、「時間通り来てくれればいいなあ」「連絡してほしいなあ」のように。そして、これを交渉のⅢで提案するようにしましょう。相手と話ができたときの交渉例をひとつ挙げてみますので、参考にしてください。

Ⅰ「ずっとケータイがつながらなかったけど……」（事実）
Ⅱ「何かあったかと思って心配しちゃった。どうしたの？」（裏感情）
Ⅲ「遅れるなら心配するから、今度から連絡してくれない？」（提案）
Ⅳ Ｙｅｓの場合
「ありがとう。よろしくね」
Ｎｏの場合
「連絡がないと安心して待っていられないし、だんだん憂うつになって楽しめる気分じゃなくなってきちゃうの」（Ⅱの強化）
「だったら、もっと余裕をもって今度から約束の時間を決めない？」（Ⅲの強化）
「時間の問題が解消したら、もっと楽しく過ごせると思うんだけど」（メリット）

〈例②　親しい間柄で侮蔑されたとき〉

親子や夫婦、恋人間などでは、親しいからこそ厳しい言葉が出てくることがあります。たとえば、「ホントにあなたはだらしないんだから」とか「あなたは昔から努力をしないわよね」「あなたはいつもそうでしょ」などと言われて耳が痛かったことはないでしょうか。しかも、こうした言葉はくり返し言われることが多いもの。言われるほうはたまったものではありません。

これらは腹の立つメッセージの典型ですが、まともに言い返すと攻撃VS攻撃となって必ずケンカになってしまいます。

この場合も、まず自分の「～べき」思考と裏感情をみつけます。もし私なら「思いこみで決めつけるべきではない」「こんなふうに批判されるべきではない」「私はもっと大切にされるべきだ」「悲しい」「辛い」「失望」などを感じると思います。

I 「『昔から努力をしない』と言われているけど」（事実）

II 「私は私なりに頑張ってるのに、そんなふうに言われるととても悲しくなる」（裏感情）

III 「お願いだから、今度からそんなふうに言わないでもらえる？」（提案）

IV Ｙｅｓの場合

「ありがとう。よろしくね」

Ｎｏの場合

「私の存在を否定されているような気がして本当につらいの」（IIの強化）
「じゃあ、せめて私なりに努力した話を聞いてもらえない？」（IIIの強化）
「そう言わないでもらえたら、もっと自分に自信をもっていろいろなことをやってみようという気になると思うんだけど」（メリット）

〈例③　相手が話を聞いてくれない〉

親しい間柄になればなるほど、一緒に時間を過ごすことの貴重さを忘れて、相手の話を適当に聞き流してしまいがちです。何を話してもうわの空だったり、生返事だったり、まともにとりあってくれないようなとき、つい「聞いてるの！」と言いたくなりますが、ここを建設的な話し合いにもっていきましょう。

この場合、「〜べき」思考は「人の話はちゃんと聞くべき」、裏感情は「寂しい」「悲しい」「失望」「不安」などが考えられます。

「どうせ話しても無駄だから」と話すことさえあきらめてしまっては、関係は悪化する一方です。

Ⅰ「あなたが私の話を聞いてくれないと」（事実）
Ⅱ「私はとても悲しくなる」（裏感情）
Ⅲ「私が話をするときは、こっちを向いて私をみて話を聞いて」（提案）
Ⅳ Ｙｅｓの場合
「ありがとう。よろしくね」
Ｎｏの場合
「あなたはとても大切な存在だから、もっと理解し合いたいのに、話を聞いてもらえないと私は大切じゃないのかと思って、すごく寂しくなる」（Ⅱの強化）
「忙しいときは、いつなら話が聞けるか教えてくれる？」（Ⅲの強化）
「ちゃんと話を聞いてもらえたら、それだけですごく嬉しい。お礼に私からも何かしたいけど、何がいい？」（メリット）

〈例④　家族連れで子どもが騒いで迷惑している〉

たとえば、電車や飛行機などで、席のとなりや前後で子どもが騒いでいるとき、些細なことで目くじら立てるのは大人げないですが、最近はしつけが甘い親も多いので、必要以上にがまんすることもないと思います。私は、後ろの席で子どもがイスの背をどんどん叩いて騒いでいるとき、以下のように交渉します。

こちらの例ではⅡを口にしていませんが、これはⅠを言えば「言わずもがな」であるときには、必ずしもはっきり言わなくていいということです。他には、並んでいる列に割りこんできた人に「あの、並んでるんですが……」というケースも同じで、社会常識を持ちあわせている人なら、「あっ、すみません」とわかってくれるので、Ⅲも言う必要はなくなります。

Ⅰ「あの、さっきからイスを叩いてるみたいなんですけど」

Ⅱ「(痛いんですが)」

Ⅲ「悪いけど、やめさせてもらえませんか?」

Ⅳ Yesの場合

「ありがとうございます」

Noの場合

「落ち着けなくて困るんですけど」(Ⅱの強化)

「お子さんの席を代えていただけませんか」（Ⅲの強化）

〈例⑤　さわやかなクレーム〉

買った商品が不良品だった場合。楽しみにしていた分、ショック（＝怒り）も大きくなりますが、だからといってクレーマーになっていい理由にはなりません。

こちらもⅠで事実だけを淡々と伝えれば、ⅡとⅢは言わなくても自然に話が進むでしょう。事前にどうしたいのかの優先順位だけ決めておくと、話がスムースに進みます。

Ⅰ　「そちらで買った〇〇、うちで開けてみたら××が壊れてるみたいなんですけど」
Ⅱ　「（ビックリしちゃって）」
Ⅲ　「（早く取りかえてもらえませんか）」
Ⅳ　Ｙｅｓの場合
「どうもありがとう」
Ｎｏの場合
「早速使おうと思ってたので、とても困ってるんです」（Ⅱの強化）

「この商品が気に入っているので、時間がかかっても同じものを探してもらえませんか。もしなければ返品するので、返金していただけますか」（Ⅲの強化）
「私がそちらに出向いてもかまいません」（メリット）

「なぜ？」「どうして？」を多用しない

怒りの表現を実行にうつす前に、いくつか覚えておいていただきたいことがあります。

一つは、怒りはできるだけ溜めずに小出しに表現すること。怒りに限らずやっかいなことは、先延ばしにすればするほど事態が悪化し、収拾するのが難しくなります。早期発見早期対処はストレス・マネジメントの基本です。

二つ目は、穏やかに話し合いをすると決めた以上は、相手を攻撃しないこと。攻撃をしかけた時点で相手は反撃モードになり、話し合いは決裂してしまいます。

三つ目は、「なぜ？」「どうして？」を多用しないこと。私たちは「なんで？」「どうして？」と追及されるとどうしても何か責められているような気がしてしまいます。攻撃されていると感じると、人は自然に防御態勢に入ってしまい、ココロを閉ざしてしまいます。これではいい話し合いはできません。

話の流れのなかで、「どうして?」と聞きたくなることはあるでしょう。そうした自然に湧いてきた疑問まで無理に抑える必要はありません。控えなければならないのは、相手の責任を追及するような「なぜ?」「どうして?」です。

しかし、そう言いたいときはどうすればいいのでしょうか。

私がよく使うのは「どんなことが原因でそうなったんですか?」「その理由は何だと思いますか?」など、「どんな」や「何」「原因」「理由」を組み合わせた言い回しです。このように聞かれると、聞かれたほうも自分が責められているのではなく、客観的な事情や状況を聞かれているのだと思って安心して答えられます。

この章で説明した「自分も相手も大切にした自己表現」のことを心理学で「アサーション」と言います。また、アサーションは表現の仕方と同時に「主体的に生きる」ということを提唱していて、練習すれば誰でも自分らしい生き方をみつけることができるでしょう。

最近では多くの書籍や講座がありますから、コミュニケーションに苦手意識がある方は、一度学ばれてみてはいかがでしょうか。きっと役に立つと思います。

第五章

イライラをワクワクに変える22の方法

今まで「怒り」について説明してきましたが、ここでは、別の角度からイライラしない二十二の方法をご紹介します。

これらは、イライラを頭から抑えこむのではなく、イライラが生じないように代わりのことをしましょうという提案です。

どれかひとつでもできそうなことを試していただけたら、きっと何か変化が起こると思います。

メソッド1　違和感を大切にする

私たちは、日頃、さまざまな場面で「あれっ」と思うことや、「なんとなくひっかかる」「モヤモヤする」などといった違和感を覚えることがあります。

こうした違和感は、第二章で説明した小さい怒りであり、ココロからの大切なメッセージです。放っておけば大きな怒りに発展する可能性があるので、芽のうちに摘んでしまいましょう。

実際に思い返してみても、何か嫌なかんじがしたことというのは、その後の展開でどこかうまくいかなかったりすることがあるのではないでしょうか。

反対に、うまくいくときというのは、何もひっかかることなくスムースにものごとが進んでいったりするものです。

私は、うまくいかない場合は「やっぱり」とどこか思い当たることが多かったので、今はできるだけ違和感を流してしまわないよう、ココロとカラダで感じたことはごまかさないように意識しています。

たとえば、何かひっかかるかんじがしたら、何にどうひっかかっているのか自分に問いかけます。

誰かに食事に誘われたとき、普段なら二つ返事でOKするのに、何か今ひとつ気が乗らない自分に気づいたら、その内容を分析するようにします。

気が乗らない原因は何か。相手が違えば行きたくなるか、食事が××なら行きたいか、日時の問題か、場所が気に入らないのか、誘い方が嫌なのか、前回会ったとき何か気になることがあったのか、あるいは個人的に抱えている問題のせいなのか等々。

こうして、違和感の中身をよく吟味して、できるだけ正直に自分の希望を伝えて新しい提案をするようにします。

相手と交渉したりキャンセルしたりするのはエネルギーのいることですが、ここで労を惜しむと結局あとで後悔するということを、今まで私は散々くり返してきました。

おかげで今は、楽しい食事の確率が飛躍的に高くなりました。しかし、時には面倒くさくなって自分の違和感を無視してしまうことがあり、そうすると見事に確率は下がります。

これは仕事にもあてはまることで、何かひっかかりを感じながら「ま、いっか」と流して進めてしまうと、結局あとでうまくいかなくなります。

また、カラダの違和感も私にとっては大事なメッセージになっています。

たとえば、胃のあたりがキリキリするのはストレスを感じている証拠なので、何にストレスを感じているのか、何かできる対策はないかを考えます。

他にも、カラダのどこかに違和感があるときは、その部位にその症状があらわれた意味を考え、違和感が伝えたがっているメッセージを受けとるようカラダの声に耳を傾けます。

日本人はもともと、「腹がたつ」「頭にくる」「頭に血がのぼる」「顔をつぶす」「目がまわる」「耳が痛い」「鼻が高い」「歯の浮くような」「血の気が多い」「骨が折れる」「骨身にしみる」「肝をつぶす」「身の毛がよだつ」「肌が合う」など、カラダで感じる言葉をたくさんもっています。

どうぞ、あなたもカラダの声を肌で感じて、カラダと会話をしてみてください。

メソッド2 自分のココロの声を言葉にする

ココロの声とは、違和感だけでなく、喜怒哀楽などすべての感情のことです。

私たちは、自分のかんじにピッタリの言葉がみつかると、「ああそうそう、それそれ」とそのかんじが腹に落ち納得感を得られます。まさに「腑《ふ》に落ちる」かんじです。これを自己理解といいます。

つまり、自己理解を深めるためには、自分のかんじを自分の言葉で表現できる必要があるのです。

そのためには、国語力や表現力がとても大事です。語彙《ごい》が少ないと、さまざまなニュアンスの違いを表現することができません。

たとえば、怒っていることを「超ムカつく」と表現した場合、どれくらい怒っているのか。頭から湯気が出そうなくらい怒っているのか、身体中が熱くなっているのか、身体が震えるかんじなのか、何かを蹴っ飛ばしたいくらいなのか、大声で怒鳴りたいくらいなのか、叫びたいのか、誰かに聞いて慰めてほしいかんじなのか、泣きたいかんじなのか、また、それは誰に対しての感情なのか等々、その中身はさまざまです。

面白いことに、こういったことを丁寧に自分に向けて言葉にしていくと、自分の本当の気持ちが理解できるようになり、自分が本当は何を望んでいるのか、そのためにはどうしたらいいのかがわかってきます。そうすると、最初の「超ムカつく」気持ちがいつのまにか和らいでいたりします。

頭にきたとき、「超ムカつく」で終わらせてしまうのと、こうして自分に向き合っていくのとでは、積み重ねていったときに人としての成熟度にとても大きな差が出てきます。最近は、文字を使わない絵文字だけのメールもありますが、絵文字ばかりに表現を頼っていると、語彙がどんどん貧しくなって自分の言葉で自分をあらわすことができなくなり、自分のことがどんどんわからなくなっていってしまいます。

絵文字はたしかに便利です。しかし、絵文字ばかりに頼っていると、リアルなコミュニケーションになったとき、「超××」「マジ××」「すごーい」のようなフレーズや省略語などだけの会話になってしまい、繊細なココロの動きを伝え合うことはとても難しくなります。

そうすると、本当のあなたの気持ちはなかなか理解してもらえなくなり、どんどん表面的な浅いつきあいになっていってしまいます。

つまり、普段から感情をあらわす言葉を使っていないと、肝心なときに自分の気持ちを正確に理解することも、他人に自分の本当の気持ちを理解してもらうこともできなくなってしまうのです。

精神的な大人とは、状況に応じて柔軟に対応ができる人のことだと思います。

絵文字や省略語などは、あくまでも補助手段として使うようにして、自分の気持ちはできるだけ日本語で伝える練習をしましょう。

「その気になればいつでもできる」というのは、多くの場合、言い訳です。どんなことでも、やってみれば意外と難しいもの。でも、難しいからこそ、ピッタリした表現をみつけられたときの「ああそう、これこれ！」という感動もひとしおなのです。

何かモヤモヤすることを、こうして一つ一つ丁寧に言葉にしていくことは、自分を見つめ直して成長していくために、とても大切なことです。

特に、肝心なことほど、逃げずに言葉にしていくと大きな気づきを得られます。

そうやって、自分に対する理解を深めていくと、自然と他人とのかかわり方も変わっていきます。自分とも他人とも、関係がより深まっていきます。

表現力を磨くには、専門書だけでなく、小説など感情表現の多い本をたくさん読んでいろいろな表現に触れ、普段から自分の気持ちを自分の言葉でできるだけ正確に表現することを意識するようにしましょう。

メソッド3　自分の人生は自分で決めるという覚悟をもつ

前にも書きましたが、残念ながら、他人と過去は変えられません。変えられるのは、未来と自分だけです。

そして、未来と自分を変えるためには、「今の自分」をよく知る必要があります。

しかし、「自分のことはよくわからない」と言う人も多くいます。一方、ドラマの決まり文句で、「私の気持ちなんてわかりっこない」というセリフもあります。はたして自分のことをいちばんよく知っているのは誰なのでしょうか。

たしかに自分のココロの声に耳を傾けずに漠然と過ごしていたら、自分の本当の気持ちはなかなかわからないでしょう。

そして、自分にもわからない気持ちが他人にわかるはずはありません。

たとえば、ドラマなどで「私の気持ちなんてわかりっこない」というセリフが出るたびに、私は、

「そりゃあ、わかるわけないでしょう。だって、あなたは今までそんなこと言わなかったんだから。超能力者でもないのに、何も言わなくてもわかってもらえると思ってたの？それは無理でしょう。だいたいそう言うあなただって、私の気持ちはわからないでしょう」などと、ひとり意地悪くつっこみを入れてしまいます。

実際、このセリフを言う人たちは、その人なりにいろいろ悩み苦しんできてはいますが、それをきちんと言葉で人に伝えてきていないために理解されないまま自らを孤独に追い込み、最後の最後でぶち切れたとき、「私の気持ちなんて……」と始めるわけです。だからつい、私もチクリとひと言言いたくなってしまうのです。興味のある方は、これからドラマをみるとき注意してみてください。

これらは、本来自分が表現すべきことをしていない怠慢を相手に責任転嫁して欲求不満を募らせているのですが、これとは別に、最近は、自分の気持ちがわからないために、他人の顔色をうかがって自分の気持ちを決めてしまい、辛そうにしている人を多くみかけます。

自分のココロの声を無視して他人の気持ちになったふりをするということは、自分の本当の気持ちにウソをついているということなので、楽しいはずがありません。

しかし、いくら自分のことがわからないとはいえ、これが本当の気持ちではないということはわかると思います。だから、自分のことをいちばんよく知っているのは他人ではなく自分なのです。

たとえば、どんなにこだわりのない人でも、たいてい何かしら好きなものや嫌いなものがあります。食べ物や飲み物、洋服、アクセサリー、小物、乗り物、色、香り、景色、音楽、感触、動物、植物……。

「自分のことはわからない」と匙《さじ》を投げてしまう前に、こんなふうにすでにわかっていることを手がかりにして、少しずつ自分の傾向を知っていきましょう。

自分を知るということはとてもワクワクする楽しいことです。

なぜなら、自分だけは絶対に自分を見捨てることがない（できない）ので、安心してどんどんコミュニケーションを深めていけるからです。

そうやって自問自答をくり返していくと、だんだんと自分の傾向に気づいていきます。

そして、その傾向は、誰に押しつけられたのでもなく、自分が選んできたのだということがわかってきます。

たとえば、本当に死ぬほど嫌なことであれば、死ぬ気で逃げ出すこともできたのではないか、それでも逃げなかったのは、いろいろな事情があったとしても、結局は自分で逃げないことを選んだのだということが認められるようになります。

そして、逃げられなかった当時の自分を責めるのではなく、逃げることを選べなかった当時の傷ついた自分を優しく慰め、再び同じような状況に遭いそうになったら、同じ苦しみを味わわずにすむような知恵を身につけられるようになるでしょう。

今まで、他人を見ながら自分の気持ちや行動を決めてきた人にとって、自分自身で選んで行動するということは、とてつもなくおそろしく難しいことに思えるかもしれません。

しかし、気づいていないだけで、そうしてきた人たちも、実は自分で「他人の顔色ですべてを決める」ことを選んで生きてきたのです。そして、うまくいかなければ、その誰かのせいにして責任回避してきたのです。

なんでも他人のせいにして、それで楽しく満足できるのなら何も問題はありません。しかし、実際にはそれで苦しんでいる人たちが大勢います。

他人の気持ちを選んで苦しむなら、いっそ、自分の気持ちを選んでみてはどうでしょうか。

自分の気持ちに従って行動した結果がよくても悪くても、それは自分の責任だということが受け入れられるようになれば、もう他人の顔色を気にする必要はなくなります。結果を変えたければ、自分の選択を変えればいいのです。

他人を思い通りに動かすことはできなくても、自分の言動なら自分の意思で（努力で）好きなように変えられます。そもそも他人の感情に責任を負うというのは、とても傲慢《ごうまん》なこと。

自分の気持ちで動き、その責任をとる。大人であれば自分の言動について、その責任をとるのは至極当然。

それを他人任せにしていれば、責任をとらずにすむ代わりに何かにつけて他人に振り回されっぱなしになり、いつまでも気持ちが不安定なままになります。

自分で自分の言動に責任をもつと決めない限り、気持ちが安定することはありません。

イライラの多い人生にするか、ワクワクの多い人生にするかは自分次第。

自分の人生は自分で決めると覚悟をもったときから、人生はキラキラ輝き出します。

メソッド4　期待値を下げる練習をする

第二章で、怒りを感じているときは「～べき」思考が生じていると説明しましたが、日頃イライラしやすい人は、普段から「〜べき」思考が強いということを意識してみましょう。

「〜べき」思考が強い人は、白か黒の極端な考え方をする人、完璧主義、責任感が強い真面目な人であると言うこともできます。そして、完璧主義とは常に一〇〇パーセントを求める、つまり、期待値がとても高いということ。

これは、ものごとを自分の思い通りにしたいという気持ちが強いことを意味します。しかし、実際にものごとが自分の思い通りになることなどほとんどありません。その欲求不満がイライラになるのです。

一〇〇パーセントの結果が当然だと考えていると、たとえ九〇パーセントの結果であっても、マイナス一〇パーセントのために満足できません。

たとえば、親がテストは百点が当然だと思っていると、子どもは百点をとってもほめてもらえません。それどころか、九十五点をとってそれがクラスの最高だったとしても、家に帰れば怒られてしまいます。こうしたことが積み重なると、この子は萎縮《いしゅく》して子どもらしくのびのびできなくなってしまいます。

つまり、期待値が高すぎるということは、自分がイライラしやすくなるだけでなく、期待される側にとっても相当に辛いことだということです。

また、一〇〇パーセントで当然ということになると、常に減点志向となり、プラス評価をすることがなくなりますから、ほめたり喜んだりする機会が滅多に訪れません。

結果として、いつもどこかに不平不満のタネを探しているようなイガイガした雰囲気が漂い、幸せオーラはどんどん遠ざかっていくでしょう。

もし、自分がイライラしやすいと感じたら、たとえ自覚がなくても、自分はものごとを思い通りにしたがっているのではないだろうかと自分のココロに聞いてみてください。

そして、自分はどんな思いこみにとらわれやすいのか、よく考えてみましょう。

よくある思いこみの例は、次のようなものです。

「〇〇はこうあらねばならない」（＊〇〇の例は、女、男、主婦、親などです）

「〇〇でなければ幸せではない」（＊〇〇の例は、年収×万円、美人・美男、結婚などです）

こうした自分独自の偏った信念がみつかったら、どうぞそれを「～だったらいいなあ」「～に越したことはない」と、一〇〇パーセントだった期待値を七〇～八〇パーセントに下げる練習をくり返しましょう。

また、完璧主義の人には、「ま、いっか」「仕方ない」「どうにかなる」といったある意味いいかげん（良い加減）な自己暗示もとても有効です。

そうして、もし期待値が八〇パーセントに下がれば、九〇パーセントのときはとても嬉しい気分になれます。一〇〇パーセントだったら大満足でしょう。

こうした感覚が身についてくると、今までのイライラの代わりにルンルンがやってきます。

考え方のくせは、身体のくせと同じでなかなか簡単には変えられませんが、根気よく続けていけば必ず治すことができます。

期待値を下げることで、あなた自身がプラス評価をする人に変わって普段の機嫌もよくなれば、楽しそうなオーラに吸い寄せられて自然とまわりに人が集まってきます。きっと、楽しいお誘いも増えるでしょう。

それは、まわりが変わったからではなく、あなたが変わったからなのです。

メソッド5　ものごとは変化することを受け入れる

「〜べき」思考や一〇〇パーセント主義というのは、ものごとに強いこだわりがあるということです。

しかし、こだわりが強すぎると融通がきかなくて、自分もまわりも苦しくなります。そこで、こだわりが強すぎる場合は、少しそれをゆるめる努力が必要になってきます。

もちろん、どうしても譲れないこだわりは残しておいてかまいません。けれども、よく考えてみれば、どうしても譲れないことというのは、そう多くはないのではないでしょうか。

自分の趣味趣向でこだわっていること以外は、実はどうでもいいことなのではありませんか。あるいは、あるポイントさえ押さえてあれば、あとは特にこだわらなくてもいいということはありませんか。

あらゆるものごとにこだわりすぎるということは、すべてをコントロールしたいということですが、現実問題としてそれは不可能です。だからこそ、こだわりが強すぎる人はすべてをコントロールしきれなくてイライラしやすいのです。

そう言うと、一〇〇パーセント主義の人の多くは、「じゃあいい」とばかりにすべてを捨て去ろうとしますが、それが完全主義のよくないところで、それではものごとは解決しません。

世の中の多くのことは、〇か一〇〇ではなく、その中間であることがほとんどです。

また、おもしろいことに、ものごとというのは時々刻々と変化していきます。自分の気持ちも時とともに変わるし、他人の気持ちもまたしかりです。さらに、環境や状況もどんどん変わっていきます。

どんなに何かに執着しても、その何かが永遠に変わらないという保証はどこにもありません。

たとえば、子どもの頃夢中になっていたことに、今も同じように熱中しているでしょうか。一年前、五年前、十年前と今と比べて、まったく変わっていないことはどれくらいありますか。

こんなふうに、今どれほどのこだわりをもっていたとしても、その気持ちも環境もいつか変わってしまうかもしれないのです。

だとすれば、多くのことにこだわりすぎて、そのためにエネルギーを消費することはどれほどもったいないことでしょう。

自分ひとりが躍起にならなくても、放っておけば自然に状況が変わるということはよくあることです。嫌な上司が異動になるとか、約束を断る前に相手の都合が悪くなるとか、カウンセリングでもいちばん影響力があるのは治療外の変化だというデータもあるくらい、状況の変化はバカにできません。

コントロールできることとできないこと、こだわりたいこととどうでもいいこと、こうしたことの折り合いをつけながらさまざまな状況に柔軟に対応できるようになると、余計なエネルギーを浪費せず、生産的に機嫌よく毎日を過ごせるようになるでしょう。

メソッド6 リラクセーションを活用する

リラクセーションの本当の意味は、「カラダをほぐしてココロもほぐす」ということ。

また、「リラックスしたカラダに不安なココロは宿ることができない」とも言われています。

つまり、カラダがリラックスすれば自然にココロもリラックスすると考えれば、ネガティブな気持ち（ココロ）を無理矢理ポジティブに持ち上げるより、カラダに直接働きかけて気持ちよくなったほうが簡単で効果的なんじゃないか、というわけです。

ごもっとも。

女性であれば、エステに行って、あまりの気持ちよさにうっとりして眠ってしまった経験のある方も多いでしょう。

人の手でカラダをマッサージしてもらうことの気持ちよさは「手当て」という言葉からも推し量ることができます。

但し、なかには他人の手で触れられることを苦手とする人もいるので、マッサージ系が万人に効くというわけではありません。

そういう人は、ひとりでカラダをリラックスできるような方法をみつけるといいでしょう。マッサージチェアを利用するもよし、ヨガやストレッチで自らカラダをほぐすもよし、呼吸法や瞑想をするもよし。

そして、オールマイティに効果があるのは「入浴」です。

入浴には、一石何鳥にもなる効果があります。

まず、リラックス効果。お湯に浸かることで、カラダの筋肉がゆるみ、ココロもゆるみます。

そして、汗をかくことで代謝を促進します。新陳代謝をあげるということは、冷え性改善にも、肌の老化防止にもなります（お肌に関して言えば、お風呂のスチームがエステ代わりにもなりますね。ここでパックをすれば効果倍増です）。

最後に、快眠効果です。

私たちは、寝るときに体温が下がります。最近は低体温の人が増えていますが、もともと体温が低いとそれ以上体温が下がりにくく、深い眠りにつきにくくなります。

そこで、寝る少し前にお風呂にはいって体温を上げておくと、体温が下がる落差が大きくなって眠りにつきやすくなるのです。

下手な睡眠導入剤より、安全、簡単、安い、しかも新陳代謝もあがり美容効果もあるとなれば試さない法はありません。

私は「眠れない」という相談者には必ず入浴を勧めています。

入浴剤を上手に使えばさらなる効果も期待でき、お風呂タイムはすばらしいリラックスタイムになるはずです。暑い夏でもぜひ湯船に浸かってください。

メソッド7　エネルギーを有効活用する

イライラをワクワクに変えるためにはさまざまな工夫や努力が必要ですが、私自身、こうした過程でいちばん役に立った考え方は、

「同じエネルギーを使うなら生産的に使おう」

というものです。

イライラのエネルギーはとても大きく、時に自分でも扱いかねてしまうほどです。

しかし、その大きなエネルギーは、何かを生み出して何かの役に立っているでしょうか。

私の場合はNｏでした。

冷静に自分の状況を振り返ってみたとき、ひとりでカッカしてエネルギーを消費して疲れ果てている自分に気づいたのです。

それはまさにひとり相撲状態でした。ハムスターが滑車のなかをクルクル回っているように、ひとりだけで空回りしていたという事実に、私はとてもショックを受けました。

私がこんなにイライラしているというのに誰もそれを知らなくて、そのことで私はますイライラしているとしたら、なんという無駄なエネルギーを使っていたのだろうと気がついたのです。

それからは、同じエネルギーを使うなら、もっと生産的に使おうと考えるようになりました。

気づいてもらえずイライラして消耗するなら、気づいてもらうために消耗するほうが建設的です。

そして、気づいてもらうためには、こちらから相手に働きかけなければ何も伝わらないし、それも何でも言えばいいというわけではなく、伝え方を工夫しなければこちらの本当の意図は伝わらないということが失敗を重ねながらわかってきました。

遠慮して遠回しに言うと伝わらなかったり、だからといってはっきり言うと相手を傷つけてしまったり、Aさんには通じたことがBさんには通じなかったり、自分が本当に伝えたいことを伝えることは、とても難しく骨の折れる作業です。

しかし、それだけにやりとりをくり返して理解し合えたときの喜びは何にも変えられません。これは、ひとり妄想モードに陥ってイライラしているだけでは決して得られない快感です。

また、努力しても理解し合えない相手とは「この人とは残念ながらわかり合えない」と納得がいけば、あとはできるだけ無駄なエネルギーを消耗しないように淡々と必要最低限のつきあいをすればいいだけです。

他人を責める、自分を責める、環境のせいにする、これらのことに執着して果たして何かが解決するでしょうか。

今よりいい未来にしたいのなら、そうした非生産的なことに貴重なエネルギーを使うのではなく、明日につながるエネルギーの使い方をしませんか。

これこそが究極のエコロジーではないでしょうか。

メソッド8 インプットとアウトプットを意識する

私はものごとはバランスが大事だと思っています。

バランスのとり方にはいろいろありますが、そのひとつが、インプットとアウトプットです。

たとえば、私はカウンセリングで人の話をじっくり聴きますが（インプット）、セミナーでは人前で話をします（アウトプット）。また、セミナーで講釈するために（アウトプット）、自分も受講生になっていろいろなセミナーで勉強しています（インプット）。

最近は感情を抑圧している人が多いと感じますが、生きていれば必ず何かしらの感情は感じているので（インプット）、上手に感情を表に出していかないと（アウトプット）、感情がカラダに溜まっていつかどこかで爆発してしまうか、感情を感じられない病気になってしまうか、いずれにしてもとても不健康な状態になってしまいます。

わかりやすく言えば、便秘をしているようなものです。必要なものを取りいれたら、要らないものはサッサと排出してしまいましょう。なんでも溜めこんでおくのはカラダに毒です。

では、ココロの栄養となるようなインプットとアウトプットとはどんなものでしょうか。

〈インプット〉

・感性を磨く

ココロに栄養を与えるとは、ココロが喜ぶような刺激を与えるということです。よく、「五感を刺激しましょう」というフレーズを目にしますが、本当にその意味がわかっている人がどれほどいるでしょう。そもそも、五感とは何でしょうか。

五感とは、視覚、聴覚、嗅覚、味覚、触覚のこと。つまり、見る、聴く、匂う、味わう、触るということです。

これらを刺激するとはどういうことか。簡単に言えば、これらの感覚に心地よいものを与えるということです。視覚なら、美しいと思うものを見る。聴覚なら、好きな音を聴く。嗅覚なら、好きな香りを嗅ぐ。味覚なら、おいしいと思うものを食する。触覚なら、好きな肌触りのものに触れる。大事なのは、自分の好きなものであるということ、気分がよくなるものであるということです。

とはいえ、五感すべてを一度に満たそうとすると、何をどうしていいのかわからなくなってしまいますから、まずは次の方法で自分が感じやすい五感をみつけて、そこから試してみるといいでしょう。

では、最初に「桃」をイメージしてください。次に、「海」をイメージしてください。

あなたは桃の何を思い浮かべましたか。形、色、大きさ、香り、味……。

海の場合は何を思い浮かべたでしょうか。海水、色、波の音、空、太陽、雲、砂、風、磯の香り……。こんなふうに、何かをイメージしたときに思い浮かべるものが、あなたにとって刺激されやすい五感です。そして、その感覚に少し贅沢をさせてあげることが、ココロに栄養を与えることになります。

そうして五感を刺激していくことで、どんどんあなたの感性は磨かれていきます。

反対に、感性は刺激しないとどんどん鈍くなってしまいます。

感性が磨かれると、今まで見過ごしていた楽しさに気づけるようになって、毎日がますます充実してくるでしょう。そして、感性豊かになったあなたは、まわりからみても魅力的な存在と映るにちがいありません。

・自然のなかに身を置く

海でも山でも川でも草原でも、どこでもかまいません。自然からエネルギーをもらいましょう。自然のパワーは、その圧倒的な大きさ、生命力で、私たちの本能を呼び覚まし、みずみずしい命を吹きこんでくれます。自然のなかに身を置くことで、自分がちっぽけな存在であることを実感し、今まで悩んでいたことなど取るに足らないことだと思えるようになります。自然という大きな存在のなかに身を委ねていると、頭が空っぽになって、「ああ、生きている」と自分の生を感じられます。

これこそが自然の癒《いや》しです。落ち込んでいるときもそうでないときも、ときどき自然のなかに身を置いて、俗世を忘れて動物としての本能を刺激することが、自分のメンテナンスとしても重要だと思います。

・太陽の光を浴びる

自然のなかに身を置くことと少し重なりますが、動物として太陽の光を浴びることはココロとカラダの健康上、とても大切なことです。太陽の光は、ココロとカラダにとって栄養そのものです。日照がココロの健康に関係するのは周知の事実で、日照時間が短い北国にはうつ病や自殺が多いことはよく知られています。

デスクワークばかりで光を浴びない人も、ストレスが溜まりやすいと言われています。

女性のなかには、天気が悪いと気分がすぐれないという人もいます。実は私もそうだったのですが、今はうつ病治療にも使われる太陽光と同じ明るさのライトを常時使うことで、天気に気分が左右されなくなりました。

また、不眠を訴える人のなかにも、日中光にあたる機会のない人が多いようです。人間は動物なので、昼間光を浴びないと夜身体が眠くならなかったり、朝光を浴びないと身体がなかなか目覚めないと言われています。良質な睡眠は、健康なココロとカラダにとって欠かせないものです。

昼間、太陽の光を浴びることはココロとカラダの健康にとって極めて重要なことなのです。

・人の話を聴く

人間関係は「お互いさま」です。どんなに無口な人でも人の話を聴くより自分の話をするほうが好きだと言われるように、人の話を聴くことを苦手とする人は多いですが、自分の話を聴いてもらいたいのなら、少なくともその分は人の話を聴きましょう。人の話をじっくり聴くと、ひとりでは知り得なかった情報やものの見方、考え方に触れることができ、知識や視野が広がると同時に、新しい発見や感動、刺激を受けることができます。新しい発見や感動は、ココロにとって大事な栄養素です。

お肌と同じで、きちんとお手入れしないと年々ココロも張りを失っていきます。そうしたとき、美容液の役割を果たすのが、この新しい発見や感動によるココロへの刺激だと言ってもいいでしょう。いろいろな人の話を聴くことで、ココロがいろいろなものを吸収し、自分の幅をどんどん広げて潤《うるお》いを与えてくれます。

・本を読む

直接誰かの話を聴くことができればそれがいちばんの刺激になりますが、それでは時間的物理的に限界があります。それを補ってくれるのが本です。最近は活字離れが言われていますが、本から学ぶことは非常に多く、専門知識はもとより情緒的な表現を学ぶにも、本を読むことはとても大切です。

再三くり返しているように、自分のことをわかってもらうためにはわかってもらえるように表現することがとても大事なのですが、その表現力は本を読んだ蓄積に大きく左右されると思います。

いくら伝えたいことがあっても、それを表現する言葉をもたなければ相手に伝えることができません。なにより、自分自身の気持ちや考えをつかむためにも、ある程度の表現力はどうしても必要です。

表現力が豊かな人はココロも豊かな気がしませんか。表現力が増えるということは、ココロにとっても喜びに違いありません。

・適切な栄養をとる

五感を刺激するなどココロに栄養を与えることも大切ですが、実際に食べることで栄養を身体に吸収することも忘れてはいけません。

うつ病になると、食欲がなくなって、ものが食べられなくなります。「おいしい」と感じることができにくくなります。カウンセリングでは、必ず食欲があるかどうかを確認します。もし、食欲がなければ、「生きるためだと思って食べてください」と無理にでも何か栄養のあるものを食べてもらうようにお願いします。

栄養が足りないと、身体の機能が低下していろいろな不調が生じ、気持ちも落ちてしまいます。身体に適切な栄養を与えていなければ、どんなにココロに栄養を与えても吸収できません。

「健全なる精神は健全なる身体に宿る」と言われるように、まずは基本のカラダづくりをしっかり固めましょう。できるだけ規則正しく三度の食事をとり、暴飲暴食や過度なダイエットは避ける。カロリーや栄養を考え、バランスのいい食事をとるようにする。毎日の地道なそうした意識が、ココロとカラダの健康をつくっていきます。

〈アウトプット〉

・話す

アウトプットの表現のなかでいちばん効果的な方法が、「話す」ことです。

自分の気持ちを言葉にして人に聴いてもらい、「そうねそうね」と言ってもらえること、これにまさる癒しはないでしょう。

カウンセリングという仕事も、基本は話を聴く仕事です。自分のことを話す・話せるということがどれだけすばらしいことか、もしまだ味わったことのない人は、ぜひ勇気を出して誰かに話をしてみてください。

・書く

話をしたくても、話し相手が必要なときにいてくれるとは限りません。そんなときは、「書く」ことも効果があります。前に書いたように、自分の気持ちを言葉にするということは、今の自分を客観的にみつめて理解するためにとても大切なことです。

そういう意味で、日記を書くことは自分を知るためにとてもいいことだと思います。

私も、何かモヤモヤしているときは日記をつけます。自分の気持ちを言語化していくと、改めて気づくことがあったり、新たに思い出すことがあったりして、自分に対する理解が深まります。

私の場合は、頭のなかだけで考えていると堂々巡りをしてしまうことが多いので、真剣に考えたいときは必ず文字にして書き出すようにしています。

・泣く

涙にはカタルシス効果、つまり浄化作用があると言われています。私は、涙は美しい排泄物だと思っています。

キレイだけれど、所詮排泄物なので溜めておくのはカラダによくない。できれば、ある程度の頻度で定期的に排出できたほうが健康にいい。

ただ、排泄物ですから、時と場所を選ばないと他人の迷惑になることがあります。

たとえば、大人であれば、公共の場で泣くのはあまり美しくありません。例外として許されるのは、たとえば冠婚葬祭などの涙、生死にかかわることに遭遇したとき、スポーツや芸術でとても感動したとき、他にも何かにココロが揺さぶられるようなことに遭遇したときは涙を流しても奇異な目で見られることはないでしょう。

生きていればいるだけ感情は生じ、たとえ自覚がなくても涙の基は溜まっていきます。

私も、しばらく泣いていないと、ちょっとしたときに思わぬ大泣きにつながることがあります。そういうときは、もし許される状況なら「ああ、最近泣いてなかったな」と泣けるだけ泣いてしまいます。溜まった涙を出すことは、普段感情を抑圧しているココロとカラダの健康にとって、とても大切なことなのです。

・笑う

泣くことと笑うことは一見正反対の感情表現ですが、アウトプットの効果としてはとてもよく似ています。それは、感情を素直に表現するということ。

笑いには、免疫力を高めてくれる効果があります。「笑顔セラピー」なるものも存在するくらいです。実際、うつ病になると感情が鈍くなって笑うことができなくなります。

つまり、笑えるかどうかは、心身の健康のバロメーターにもなるということ。

たとえば私は、あるテレビ番組を観るとつい笑ってしまうのですが、もちろんおもしろいから観ている一方で、いつものように笑える自分を確認したいという思いも抱いて観ています。もしあまり笑えなかったら、「あ、今あまり元気じゃないな」と自分を再確認することができ、そんな自分をケアするようにします。

心から笑えるということは、それだけ心身の調子がいいということです。ですから、笑えるときは素直に笑いましょう。心からの笑いはその人をいちばん美しくみせるだけでなく、まわりを和ませる力をもっているのですから、遠慮することはありません。

「笑う門には福来る」です。

・ユーモア

自分が笑うことも楽しいですが、誰かを笑わせることもまた楽しいものです。そのとき必要なのが、ユーモアのセンス。決してダジャレのセンスではありません。ユーモアは人のココロを和ませ、それによって自分も嬉しくなりますが、ダジャレは言った人だけが楽しくて、聞いた人はココロが冷えます。

良質なユーモアは知性から生まれます。つまり、いいインプットがあってこそ、センスあるユーモアが生まれるのだということ。

ユーモアは、その場の雰囲気をガラッと変える力さえもっています。それには、場を読む力など高度なコミュニケーション能力が必要です。難しいことではありますが、挑戦してみる価値は大いにあるのではないでしょうか。

・身体を動かす

アウトプットのなかで、もっとも健康的で即効性があるのが、「身体を動かす」ことです。内へ内へと溜まったエネルギーを身体を動かすことで物理的に発散するのですから、文字通り「スッキリ」します。ストレス解消法として、これほど健康的なものはありません。身体を動かすことには、運動だけでなくいろいろな種類があります。

たとえば、歌う。踊る。演奏する。

音に触れると聴覚の刺激にもなります。声を出せばそれだけでも発散になります。そのうえ、大声を出せたらもっとスッキリするでしょう。大声を出せないときは、鼻歌でも充分です。私はときどき無理に鼻歌を歌って気分をあげるようにすることがあります。

音楽に乗って身体を動かすのはそれだけで楽しいものですし、自らが演奏して音を奏でるのはとても創造的で刺激的な体験です。

また、音でなくても何かを創ること、たとえば、手を使って何かをつくってもいいでしょう。芸術である必要はありません。手芸でも料理でも、詩や俳句でもかまいません。

あるいは、単純作業をし続けること。たとえば、掃除をする、何かを洗う、磨く、食べ物の皮むきをする、千切りにする等々。

いかがでしょう。こんなふうに、身体を動かすだけでもたくさんのことがあります。

しかし、なんといってもいちばん効果があるのは適度な運動です。

実際、うつ病の再発防止のために、定期的な運動が非常に大きな効果をあげるという報告もあります。汗をかくことは、ココロとカラダの健康のためにとてもいいことなのです。

私自身は、毎日十五分くらい家でオリジナルのトレーニングをし、月に数回テニスをします。家での運動は軽く汗ばむ程度ですが、テニスでは大量の汗をかき、それが爽快で何十年もやめられません。

頭でいろいろ考えるだけでなく、身体を動かして何か行動してみる。それだけで何かが変わることもあります。

実際問題、いくらあれこれ考えても、行動しなければ事態は何も変わりません。

身体を動かすことで、健康的にエネルギーを消費し、事態を動かす。これが究極のアウトプットかもしれません。

メソッド9　好奇心をもつ

人は新しいことを知ると好奇心が満たされ、嬉しくなります。

ということは、好奇心がたくさんあれば新しく知ることが増えて、その分喜びが増えるということになります。

好奇心というのは、未知のことなどについて興味をもつこと。

今私たちが知っていることは、世界のほんの一部に過ぎません。ほとんどのことは知らないことばかりです。

いつも何気なくみているものでも、改めて「どうしてだろう」「なんだろう」と興味をもってみてみれば、いくらでも新しい発見があるものです。

たとえば私は、あるとき、「昔からよく人の相談に乗ってきたけれど、どうも最近後味がよくない。もしかしたら私の聴き方に問題があるのかもしれない」と思って、カウンセリングの勉強を始めました。そうしたら、おもしろくておもしろくて、結局それを仕事にしてしまいました。しかも、仕事以上に勉強が楽しくて仕方ありません。何か学ぶと、次に知りたいことが出てきて、さらにまた知りたいことが出てきます。

知りたいことが尽きず、常に知る喜びを感じていられる今の生活はとても充実していま す。大先輩が「この世界は一生勉強。今でも私は勉強しています」と話すのを聞いて、一生学べる嬉しさのあまり涙が出そうになったほどです。

好奇心があると、それを知ろうとインターネットで調べたり、本を読んだり、人に聞いたり、何かしら行動しないではいられなくなります。

そうすることで、自然と世界が広がっていきます。知識が増えるだけでなく、視野も広がり行動半径も広がるので、人との出会いも増えていきます。また、いろいろ教えてもらうために、人の話を聴く力がつきます。その結果話題が豊富になるので、いろいろな話ができるようになり、会話力が向上します。話題が豊富な人とは話していて楽しいので、人が集まってきます。

こんなふうに、好奇心が強いと、ワクワクがどんどん増えて毎日が楽しくなります。

メソッド10　行動する

カウンセリングの最終的な目標は、行動が変わることだとされています。どんなに考え方が変わっても、それが行動に反映されなければ事態は何も変わらないからです。

「頭ではわかっているけど、実際にはできない」という相談がいい例です。

最近は、失敗することや断られることが怖くて行動できないという人がとても増えているような気がします。

確かに失敗するのは嫌だけれど、でも、冷静に考えれば、どんなことでも絶対に失敗しないという保証はありません。それに、たとえ失敗したところで命をとられるわけでもない。

では、失敗することで何を恐れているのかといえば、自分への評価が下がるということがほとんどなのではないでしょうか。

評価が下がることは誰でもできれば避けたいところですが、もし下がったとしても、はたしてその評価が一生変わらないものなのか考えてみましょう。

挽回は不可能でしょうか。一度失敗したら、人生はおしまいでしょうか。一度も失敗しないということが、現実的なことでしょうか。今までの人生を振り返って、一度も失敗しなかったなんて人がいるでしょうか。

人生に失敗はつきものです。失敗は成功の母ともいいます。

失敗して教訓を得て学習する、このくり返しと蓄積が人間の厚みと魅力をつくります。

それには、とにかく行動しなければ始まりません。口先だけで行動が伴わない人は信用されません。失敗するかしないかは、やってみなければわかりません。もし、失敗したらやり直せばいいだけです。別に恥ずかしいことでも、人格を否定されるようなことでもありません。

特に、苦手なことというのは、経験値が足りていないことが理由になって、それでその行動を避けるという悪循環に陥っていることが多くあります。

しかし、逃げ回っている限り苦手意識から逃れることはできず、コンプレックスは膨らむばかりです。

たとえば、私は大勢の前で講師をすることがあまり得意ではなく、一対一のカウンセリングだけをしたいからと避けていたのですが、なぜか講師の依頼が続き、「それならば」と、あるときから腹をくくって引き受けることにしました。初回は十回もリハーサルをしたのに声も足も震え惨憺《さんたん》たる結果でした。講師経験のある人たちからは、「五、六回やれば慣れる」と言われましたが、十回やっても二十回やっても数年経った今でも後悔と反省の連続です。それでも、さすがに以前ほどリハーサルを重ねる必要はなくなり、前日に緊張で眠れないということもなくなりました。何より、講師をするためにネタ探しや勉強に意欲的になり、さらに仕事の幅が広がって新しい依頼をいただくようになりました。また、一対一のカウンセリングにも講師の経験が生きていると感じます。

行動すれば、必ず何かしら得るものがあり、必ず何かしら学ぶことができます。そして、それを次に活かすことができます。そうやって経験値を上げていけば、自然と失敗も少なくなります。

あれこれ考えすぎないで、まずは行動してみましょう。

身体を動かせば、世界も動きます。あなたの世界を動かせるのはあなただけです。

メソッド11 本当に嫌なことはしない

自分の気持ちと行動を一致させることを意識しましょう。

気持ちと行動が矛盾していると、葛藤が起き、イライラしてしまいます。

自分が自分らしくいるためには、自分の気持ちと行動が一致していることがとても大切です。

なかでも大切なのは、自分がしたいこととしたくないことがわかっていて、それを適切に表現できることです。

最近、Ｎｏが言えない人がとても多いと感じます。

本当は嫌なのに、相手のことを気遣いすぎて断ることができず相手の言いなりになってしまい、釈然としない気持ちだけが残る。そして、こういうタイプの人は、自分から誰かを誘ったり頼んだりできないことが多く、いつも誰かに合わせて他人に振り回されてストレスを溜めこんでいます。

何を隠そう、以前の私もそんなひとりでした。かろうじて人を誘うことだけはできましたが、それ以外は本当に苦手でずっと悶々と過ごしていました。

そんな私にとっての転機は、ある女性の書いた本に「私は嫌なことはしません」というような記述をみつけたことです。誰の本だったか覚えていないことが悔やまれますが、好きな作家のエッセイだったと思います。

これを見たとき、「嫌なことってしなくてもいいの？」と目から鱗《うろこ》が落ちるような衝撃を受けました。でも、その作家は決して傲慢なかんじではなく、同性の目から厳しく見ても生き生きとしてとても魅力的でした。

それ以来、嫌なことをして消耗するより「嫌なことはしない」ことに力を尽くすことが私の最大の課題となり、少しずつ、しかし確実にイライラは減っていきました。多分三十歳くらいのときのことです。

冷静に考えれば、誰かに何かを頼んだとき、ＹｅｓかＮｏが返ってくる確率はどちらも五〇パーセント。Ｎｏと言ってもまったく問題ないのです。

都合が合わないことや興味がないことに、罪悪感などもつ必要はありません。正直に話して、あとにつなげたかったら代わりの提案をすればいいだけのことです。

もし反対の立場だったら、相手に無理をしてほしいとは思わないでしょう。無理につきあってもらっても、ちっとも嬉しくありません。私だったら、はっきり断ってもらったほうが数倍嬉しいです。

たとえば、以前私は、ある女性とよく食事に行っていたのですが、あるとき彼女が「私は人に誘われると断れない」と言うのを聞いて、「はっ」としました。そういえば、今までいつも私ばかりが誘っていて断られたことがなく、反対に彼女から誘われたことがなかったのです。案の定、私が声をかけるのをやめたら、食事に行くことがなくなりました。てっきり彼女も食事を楽しんでいたのだとばかり思っていた私は、無理をしてつきあわせていたのかとひどくショックを受けました。

それ以降、人を誘うときは非常に慎重になり、常に受け身の人にはあまり声をかけなくなりました。よく思い返してみれば、こういうタイプの人とは話をしていてもあまり会話が弾まず、私が圧倒的に話題を提供していたような気もします。今思えば、明らかなコミュニケーション不全でした。

この例から言えることは、相手を気遣いすぎて断れないことが、かえって相手を傷つけてしまう可能性もあるということです。

自分だけが疲弊してイライラするばかりか、相手を傷つけてしまうかもしれないなら、そのエネルギーを、Ｎｏを言ったり、自分から誘ったりすることのために使いませんか。

あなたが勇気を出してＮｏを言うことで、あなたも相手も自分の時間をより有効に使うことができるようになるのです。

本当はＮｏなのにＹｅｓと答えるのは、自分の気持ちに誠実でないだけでなく、相手に対しても不誠実なことだと認めましょう。あなたがＮｏと言えば、相手は別の人を探してもっと充実した時間が過ごせるかもしれないのに、その機会を奪ってはいませんか。

気持ちと行動が一致していないと、本人が辛いだけでなく、相手もどう受けとっていいかわからなくなって混乱します。相手に気を使っているつもりでも、それは逆効果です。

コミュニケーションで私たちがいちばん知りたいのは、あなたの本当の気持ちです。

本当の気持ちを隠されると、隠されたほうはどうしていいかわからなくてとても困ります。でも、本当の気持ちでないということだけは意外と伝わってしまうものです。そうすると、結果的に相手にとても気を使わせることになります。それはあなたの本意ではないと思います。

本当に嫌なことはしなくてもいいんです。嫌々やっても誰も喜びません。

嫌なことをしない代わりに、好きなことをしましょう。

自分のためにも相手のためにも、勇気を出して、気持ちと行動を一致させましょう。

メソッド12　マニュアルを鵜呑みにしない

世の中にはマニュアル本やハウツー本が溢れていますが、書かれていることに従いさえすれば完璧なのかといえば、決してそうとは言えません。むしろ、現実では、マニュアル通りやってもうまくいかないことのほうが多いと思います。

たとえば、モテマニュアルをすべて網羅すれば本当にモテるのかといえば、決してそうではないでしょう。むしろ軽薄に受けとられて、かえって警戒されてしまう可能性もあります。また、人気モデルと同じファッションをしても、ただの物まねであれば知性を疑われかねません。

少なくとも、私はマニュアル人間を魅力的だとは思いません。その人らしさが見えてこないからです。

マニュアルというのは、あくまでも基本や原則のことで、絶対的なものではありません。現実がマニュアル通りに進むということは滅多になく、実際は例外の連続です。もちろん基本を知らなければ例外に対応できませんが、大事なのは、基本を踏まえたうえで、その場その場の状況に応じて柔軟な対応ができることなのではないでしょうか。

想像力を働かせて基本を応用する、マニュアルはそのための参考書であって、教科書ではありません。

他人がつくったマニュアルにいちいち振り回されるのではなく、いろいろ試行錯誤しながら自分だけのマニュアルをつくりましょう。そして、既存のマニュアルは、チラッと見て「ふーん、そうか。こういうのもありか」と参考にする程度にとどめましょう。

もちろん、この本もその程度に利用してください。

メソッド13　他人と比較しない

最近増えている対人過敏の人は、何かにつけて自分と他人、もしくは他人と他人を比べています。そして、優劣や勝ち負けで自分や他人を評価しています。

これは、自分のなかにしっかりとした基準がないからです。そのために自分の外に基準を求めて、その都度喜んだり悲しんだりしてしまうのです。

自分のなかに基準があれば、それほどまわりを気にする必要はなくなります。

自分がいいと思えばいい、これは好き、これは嫌い、あれがしたい、あれはしたくない、このような感覚が自分のなかでしっかりつかめれば、他人の顔色をうかがってものごとを決めずにすむようになります。

自分と他人、他人と他人を比べても何も生まれません。

私は私。あなたはあなた。みんなそれぞれの感覚をもって生きています。みんな同じである必要はありません。違うことは悪いことではありません。勝ち負けでもない。ただ違うだけ、それぞれの個性があるだけです。

比較のスパイラルに陥ると、ものごとの違いが勝ち負けやいい悪いに思えてきてしまいます。

それぞれ姿かたちが違うように、価値観や能力も違います。

たとえば、私は背が低いことが昔からコンプレックスですが、背が低いことは決して悪ではありません。スーパーモデルにはなれないけれど、だからといって人生に負けているわけでもない。背が低いことは私の個性であり、よほど特殊なことをしない限り変えられないのだから、だったらそれを受け入れて、活かすことを考えたほうが生産的です。たとえば、小さいと性格がきつくてもかわいらしく見えるとか、場所をとらないから経済的であるとか。ものは考えようです。

比較することは評価することであり、評価はネガティブな思考につながりやすいもの。

他人と比較されるのは誰でも気分のいいことではありません。子どもの頃、兄弟や同級生と比較されたことを思い出してください。あの嫌な気分を自分で自分に対してわざわざ起こさせる必要がどこにあるでしょうか。

あなたは誰との比較でもなく、あなたとして今ここに存在しています。

まず、違うことは悪くない、違いは個性だということを受け入れましょう。そして、今まで比べることに使っていたエネルギーを、自分を活かすために使いましょう。

メソッド14　他人も自分も責めない

「比較する」ことと同様、「責める」ことも何も生まないネガティブな行為です。

何かうまくいかないとき、他人あるいは自分を責めてはたして今まで何か解決したことがあったでしょうか。

問題が起きているとき、その原因を追究しても事態は何も変わりません。たとえば、骨が折れたとき、その原因を解明しても折れた骨はくっつきません。それより、早く病院へ行って治療を受け、安静にすることが第一です。

問題が起こってしまったら、原因を追究するより今の状態を改善させることにエネルギーを注ぎましょう。

そして、状態が落ち着いたら、そのときにはじめて冷静に原因を探り、同じ問題が起きないような対策を考えましょう。この順番を間違えてはいけません。

もうひとつ間違えてはいけないのは、原因を考えることは、失敗した人を攻撃することではないということです。大事なのは、同じ失敗をくり返さないように反省することであって、失敗した人を責めることではありません。

失敗をした人は充分責任を感じています。それに追い打ちをかけるのは、傷口に塩を塗り込むようなこと。これをあまり攻撃しすぎると、反省どころかかえって恨みを買って逆ギレされてしまうかもしれません。

仮に、鬼の首を取ったかのように失敗した人を攻撃したとして、そのときはスッキリするかもしれませんが、決して後味のいいものではないはずです。相手との関係は確実に悪化します。もし自分が責められたら、と想像してみてください。

他人を責めても自分を責めても何も生まれず、ただエネルギーを無駄に消費するだけです。どうせエネルギーを使うなら、何かを生み出すような意味のある使い方を心がけましょう。

メソッド15　反対の立場で考えてみる

ものごとには裏と表があります。そして、両面からものごとをみるということは、視野を広げるうえで極めて重要です。

人間関係で相手の立場になって考えてみるということは、相手に対する思いやりでもあります。特に、うまくいっていない関係の場合、反対の立場でものごとをみてみると、思いもよらないことに気づくことがあります。

私たちは、熱くなればなるほど視野が狭くなり、思いこみも激しくなりがちです。しかし、本当はそういうときにこそ、反対側の視点というものが役に立ってくるのです。

悩んでいる人の話を聴いていると、たいていの場合、一つの考えや見方にとらわれて身動きがとれなくなっています。そして、「〇〇するためには××しかない」と思いこんでいます。

しかし、よく考えてみれば、「〇〇するために」「××しかない」という考えは現実的ではありません。そもそも、冷静に考えれば、絶対に「〇〇しなければならない」ということはないはずで、場合によっては「〇〇しない」という選択だってありえるのではないでしょうか。

たとえば、「子どもをいい学校にいれるには塾に行かせて成績を上げるしかない」と躍起になっている親の頭には、「子どもをいい学校にいれる」ことが大前提になっていますが、そうすると、子どもの成績が悪いとこの世の終わりのような絶望感や激しい焦りや怒りを感じてしまいます。しかし、「いい学校に行ければいいけど、行けなくても仕方ない」と思えれば、子どもの成績だけにとらわれて一喜一憂することはなくなります。

また、「相手に嫌われないように本当の自分は隠すしかない」などと思っていると、常に相手の顔色ばかりうかがって自分の気持ちを抑えるくせがついてしまい、とても窮屈な思いをしなければならなくなります。そして、いつも相手に振り回されて不安定な状態になってしまいます。

この場合、まず、本当に「自分を隠すしかない」のか検討する余地がおおいにありますし、そもそも「どうして嫌われてはいけないのか」「嫌われたらおしまいなのか」「嫌われても死ぬわけじゃないし、最悪嫌われても仕方ない」と考えることもできるでしょう。

選択肢はたくさんあるほうが、考え方に幅ができて気持ちに余裕が生まれます。

選択肢を増やすためにも、別の人になったつもりで改めて今の自分の状況をながめてみると、きっと今まで思ってもみなかったアイディアが浮かんでくるでしょう。

自分とまったく逆の立場になって考えてみるというのは、事態を打開するために、カウンセリングでもよく使う手法です。

さらに、応用編として、「三つの視点で考えてみる」という方法もあります。裏と表だけではなく、その中間の第三の選択肢をいつも意識するようにするのです。これが習慣づいてくると、考え方に幅ができていろいろな発想ができるようになり、ひとつのものごとにとらわれることが激減します。

常にいろいろな視点でものごとをとらえ考えられる人は、しなやかで安定感があり、とても魅力的です。何より、柔軟な考え方ができると自分自身に余裕ができ、とても生きやすくなります。

メソッド16　自分のための時間をつくる

孤独感と孤独は違います。孤独と孤立も違います。

コミュニケーションの基本は自分との関係。そして、自分との関係を深めるためには、ひとりだけの孤独な時間をもつ必要があります。

恋人と時間を忘れて時間を過ごすように、素の自分でいる時間を楽しみましょう。

ひとりになって、自分のココロとカラダの状態を心ゆくまで味わい、誰を気にすることなく、自分が心地よいと思う時間を過ごしましょう。

ひとりの時間を楽しめるかどうかは、その人の成熟度を知るバロメーターになります。

ひとりでじっとしていられない人、何かせずにはいられない人、家でゆっくりできない人、スケジュールがうまっていないと不安になる人は要注意。

あなたがゆったりできない理由は何でしょうか。

ゆったりすると、どうなってしまうような気がしますか。

もしかしたら、何かを恐れているのでしょうか。その恐れから逃れるために、予定を詰めこんでいるということはありませんか。

ひとりの時間を楽しむとは、リラックスして自分に向き合うこと。

つまり、ひとりになれないということは、自覚のあるなしにかかわらず、自分に向き合うことを避けているということです。

しかし、自分に向き合わない限り、どんなに社交的にしていても本当の意味で他人と深いつながりは築けません。慌ただしく時間を過ごすことで自分と向き合うことから逃げ続けていても、残念ながら、自分からは一生逃げられません。逃げようと思って活動的にすればするほど、満たされない空虚感に襲われるということはないでしょうか。

ひとりの時間は、自分とコミュニケーションをする貴重な時間。

大切な人と過ごすために時間をとるように、自分自身と過ごすための時間もとりましょう。

自分の時間を捻出するために、スケジュール表をおおいに活用しましょう。最初に自分のための時間を予定に入れてしまうのも一案です。

そして、どんなことをすれば自分を喜ばせることができるのか一生懸命考えましょう。

自分を大切にできない人は、真の意味で他人を大切にすることはできません。

コミュニケーション能力を磨く第一歩は、まず、ひとりの時間を楽しめるようになることです。

ひとりの時間が充実してくれば、それ以外の時間も自然に充実してきます。そうすれば、いつのまにかイライラも減っているでしょう。

メソッド17　コミュニケーションを大切にする

では、ひとりになって自分とどうやってコミュニケーションすればいいのかというと、自分の感じていることをできるだけ具体的に言葉にして自問自答すればいいのです。

たとえば、「なんとなくスッキリしない」と感じるとき、どこがどうスッキリしないかんじなのか、スッキリしないというのは別の言葉で言うとどうなるのかなどと考えます。そして、今何か気になっていることがあるのではないかなどと自分で自分に問いかけます。

思い当たることがあったら、そのことについてもっと具体的に掘り下げていきます。

たとえば、ある人との関係が何かひっかかっているとしたら、どんなところにひっかかっているのか。何が問題なのか。その人の考え方なのか、言い方なのか、立ち居振る舞いなのか、自分に対する気持ちなのか等々。一方で、自分には問題がないのか。あるとしたらどんなことか。それらの問題は変えられることか変えられないことか、努力してもいいと思えることかそうではないことか、もし努力するならどんなことができるか等々。

あるいは、何か仕事のことで気になっているのなら、具体的に何が気になっているのかを掘り下げてみます。仕事の内容なのか、進行具合なのか、相手先の問題なのか、仲間の問題か、質の問題か量の問題か、人間関係かなど、ひとつずつよく考え、そのうえで、では何がどうなれば気が楽になるかということを考えてみます。その際、もっとも大きな選択として「その仕事をしない」という可能性もありますから、もし仕事をしないと決めたらどうなるかということを想像してみてもいいかもしれません。

こうしたことは、自問自答であっても誰かとの会話であっても、具体的に言葉にしていかないと本当の気持ちが明らかになってきません。

いろいろな言葉をあてはめて、ぴったりした言葉がみつかったとき、私たちは「ああ、そうそう」と納得がいくのです。

そのためにも、普段から国語力を磨いておくことが大切です。いくら気持ちがあっても、それをあらわす言葉がなければ、自分で自分の気持ちを理解することも、誰かに理解してもらうこともできません。

カウンセラーは、相談者の言葉にならない気持ちを拾い上げて言葉にするのも大事な仕事です。そのため、語彙力や表現力が強く求められます。これらは専門書だけでなく、小説やエッセイなどを読んで、日頃から意識して感性を磨く努力をしないとなかなか身につきません。

丁寧なコミュニケーションをするためには、どうしても気持ちを伝える言葉が必要です。言葉が豊かになれば、あらわせる気持ちも豊かになるので、お互いの理解も深まります。

そして、忘れてはならないのが、コミュニケーションとは双方向のものだということ。

いくら一方的にボールを投げても、相手に受けとってもらえなければキャッチボールになりません。

相手が受けとってくれるようなボールを投げること、ひとりだけでなんとかしようと思わないで苦手なことは素直に相手に甘えること、反対に相手の苦手なことは甘えさせてあげること、こうした双方向のバランスをとることが、コミュニケーションでは何よりも大切です。

カウンセリングの相談内容は、こうしたコミュニケーションのバランスが崩れていることによるものがほとんどだと言っても過言ではありません。

メソッド18 ものごとをどんどん循環させる

「金は天下の回りもの」と言いますが、エネルギーも感情もまったく同じです。

どんなにいいものであっても、自分のなかに溜めこんでいると、行き場を失ったそれらはだんだん価値をなくしてどんどん鬱積していきます。

お金に執着しすぎるあまり異常にケチになって人づきあいさえしなくなり、最後には札束をかかえて孤独死してしまうようなイメージです。

お金をもつのはステキなことですが、多くのものをもつ人には、それを上手に使って世の中に役立てるという重要な使命が課せられます。実際、お金持ちはその使い方に注目が集まり、使い方次第でケチとも人格者とも評価されます。

こうしたことは、お金についてだけあてはまることではありません。どんなことでも、出し惜しみせずもった分に応じて上手に使う。これは、インプットとアウトプットの関係と同じです。

入ったものを上手に出していかないと、次のものが入ってくるスペースができません。今までよりもっといいものを入れるために、入ってきたものは栄養として必要な分だけ残して、あとはどんどん排出していきましょう。

本当に必要なものだけを残して、あとはどんどん上手に外に出していく。必要以上のものはもたない。そうしていれば、ものごとに執着せず自由でいられます。執着とはとても苦しいもの。反対に、執着がなければイライラを感じることも少なくなります。

また、スペースに余裕があれば、チャンスがきたとき慌てず素直に受けとることができます。

「いつか必要になるから」となんでもかんでも溜めこんでいても、たいていその「いつか」はやってきません。たとえば、昔の洋服は、同じような流行が巡ってきても細部が違っていて結局着られないということが多いように。

要らなくなったものはその都度処分していかないと、どんどん面倒くさくなってタンスの肥やしになるだけ。そして、一度溜めこみ始めると、どんどん収拾がつかなくなってしまいます。

しかし、ここで思い切って要らないものを捨てれば、気持ちもスッキリして「さあ、次は何を買おうかな」とワクワクしてきます。また、ものを捨てるときの少し寂しい気持ちは、次の買い物を慎重にしようという戒めにもなります。

そうやって、どんどん要らなくなったものを循環させていけば、いつのまにか自分の引き出しはお気に入りだらけになっていきます。しかも、整理が行き届いているので、出し入れも自由自在。どんどん中身を入れ替えて、より充実させていくことができます。

さて、あなたのココロの引き出しには、今何が入っていますか。

メソッド19　意味を考える

アウシュビッツを経験した有名な心理学者フランクルは「どんな時も、人生には意味がある」と言っています（同名著書　諸富祥彦・著　PHP文庫）。彼の体験を綴った『夜と霧』（池田香代子・訳　みすず書房）は世界的な大ベストセラーになっているので、読んだ方も多いことでしょう。

ユダヤ人としてナチスの収容所に入れられ、家族全員を失いながらも生きる希望を見出した彼の言葉には非常に重みがあります。

彼が言っていることは、要約すると次のようなことです。

「私たちは何らかの意味をもって生かされている存在であり、たとえどんな苦境にあっても、それはその人にとって何らかの意味があって起こっている。また、それはその人が自分の果たすべき役割に気づくために必要だから起きているのだ」

今人気のスピリチュアルカウンセラーが口ぐせのように言っている、

「すべては必然なのです」

という決めゼリフは、おそらくここから学んだのではないでしょうか。

フランクル心理学は、トランスパーソナル心理学という自己を超越した大いなる存在やスピリチュアリティを扱う新しい心理学のひとつです。

ところで、フランクルが言うように、自分の人生を「意味があって生かされている」と考え始めると、自分のなかにさまざまな変化が起きてきます。

まず、今自分がおかれている状況の意味が変わってきます。一般に、ものごとがうまくいかないとき、私たちはつい、その原因が外にあると考えてしまいがちです。「誰も私のことなんかわかってくれない」「あんなことさえ起こらなければうまくいったのに」「私はなんて運が悪いんだろう」など、人のせいから運のせいまで、責任転嫁には限りなくバリエーションがあります。

これが、自分にとって意味や必要があって起きているとなると、とらえ方がまったく変わってくるのです。たとえば、

「誰もわかってくれないのは、私がわかってもらえるような努力をしていないからではないか。この状況は、『勇気を出して自分から話しかけてみなさい』と叱咤《しった》激励してくれているのではないか」とか、

「この苦しい状況を乗り越えられれば相当な自信になるし、これからは今回の教訓を生かして予防策も講じられる。あのままうまく進んでいたら調子に乗って失敗していたかもしれないと思えば、今気持ちを引き締めることができたことは結果的によかったのではないか」とか、

「こうも運が悪いということは、努力の方向が正しくないのかもしれない。今の方向が適切かどうかもう一度よく考えてみよう」

というように、今まで外に向いていた考えが自分に向いてくるようになります。しかも、今起きている状態が自分にとっての課題だと思えると、うまくできていない自分を責めるのではなく、どうすればうまくいくようになるかという具体的な方法を考えるように変わっていきます。

この視点の変化は、あらゆることに劇的な変化をもたらします。

私自身、今の状況は自分にとっての課題であると考え始めてから、ものごとを他人のせいにすることが激減しました。どんな結果も結局は自分が招いた状況だと思えば、誰のせいにもできないと悟ったからです。

そして、与えられた課題を順番にこなしていく、そんな日々に変わりました。

不思議なことに、目の前にある課題をこなしていくと、次々に新しい課題がやってきて、いつのまにか今までできなかったことができるようになっています。それはとても自信がつく嬉しいことなので、新しい課題がきたとき、もう誰かのせいにしようなどとは思わなくなります。結果として、イライラすることが減っていくのです。

あなたにも、常に必要な課題が必要なタイミングでやってきます。それを受けとるかどうかはあなた次第。でも、逃げている限り、何度でもかたちを変えて同じ課題はやってきます。

さあ、今あなたに与えられている課題の意味は何でしょうか。

メソッド20 逃げない

メソッド19に書いたように、あなたにとって必要な課題は、クリアされるまでいろいろな形で何度もくり返しあらわれ続けます。

もし、状況が変わってもいつも何か同じようなことでつまずいているとしたら、そこにあなたの課題があります。

あなたが課題の意味を受けとめて自分の問題として取り組まない限り、問題はさらにスケールアップしてあなたの前にあらわれるでしょう。

それほど今あらわれる課題というのは今のあなたにとって大切なものなので、無視されると警告の声もますます大きくなっていくのです。そう、まさに怒りの問題と同じ。

つまり、問題の核心からは、どんなに逃げようとしても逃げ切れるものではないということ。逃げ切れるどころか、ますます問題が大きくなってあなたを襲ってきます。

さあ、どこで覚悟を決めましょうか。

早期発見早期対処は、ストレス・マネジメントの基本のキ。

いつかどこかで向き合わなければならなくなるのなら、早いほうが傷も努力も小さくてすみます。

それに、ここだけの話、覚悟を決めて問題から逃げずに向き合うと、必ず誰かが手を差し伸べて助けてくれるんです。

本当に不思議ですが、私自身も、相談に来る方も、「本気でやるぞ！　やるしかない！」と覚悟を決めると、なぜか救いの手がやってきます。それも、思いもよらないところから。

たとえば、私のこの本も、二冊目の本を出したいと一年以上前から口にしていましたが、構想が固まってきていよいよ企画書を書こうと思っていた矢先に、縁もゆかりもないところから唐突にチャンスがやってきました。

また、セミナー講師の仕事も、人前で上手に喋ることが苦手なため「できればやりたくない」と思い続けていたのですが、私の想いを多くの人に伝えるには意味のあることだと思えたら、そうした依頼が思いもよらないところからやってくるようになりました。

他にも、仕事を手伝ってくれる人を探そうと決意したとたん知人からいい人を紹介されたなど、今まで逃げていたことに向き合って覚悟を決めただけで、状況が動いていくということを目の前で何度も見聞き、そして体験してきました。

しかし、常になんでもかんでも闇雲にぶつかっていけばいいというものでもありません。そのときの状況によっては逃げたほうがいいときもあるでしょう。無理をしすぎないというのも大事なストレス・マネジメントです。

ただ、時機がきたら、そのときは逃げずに向き合いましょう。

何度でもくり返しますが、自分からは逃げ切れないのですから。

メソッド21 準備する

さまざまな分野で活躍している超一流の人たちの共通点は「一万時間」だという記事を読んだことがあります。

つまり、それくらいひとつのことに集中して取り組んだおかげで、その道ですばらしい結果を出すことができるようになったということです。

やはり、何かで成功するということは、それなりの準備があってのこと。「天才」は、ある特殊な能力というより「努力できる才能」であるとどこかで聞いたことがあります。となると、先の「逃げない」ということは、ココロとカラダの準備をすることだとも言えるそうです。

物理的にも精神的にも充分な準備ができてはじめて次のステップに進むことができる、そう思えば、次に進めないのはどちらかあるいは両方がまだ充分でないからと考えられます。だとすれば、前に進むには、足りないものを満たす努力をすればいい。

何かがうまくいかないときに、誰かのせいにしたり運のせいにしたりしないで、自分の準備が充分だったかどうか振り返ってみる。

もし、自分なりに準備を尽くしていたのなら、「目標が高すぎた。まだ自分にはそれだけの力はなかった。残念だけど仕方ない」と、さわやかにあきらめられるはずです。

最近は、頑張れないタイプの新しいうつ病が増えていますが、何か手応えを得たかったら、ある時期はどうしても一生懸命頑張らなければなりません。そして、その努力は必ず報われます。

準備がなければ結果は出ない、あたりまえのことですが、とても忘れやすいことだと思います。

メソッド22 自分だけの居場所を確保する

私たちのココロとカラダの健康は、安心して話せる人と場所、つまり居場所をもっているかどうかということに大きくかかわっています。

ありのままの自分を受け入れてくれる居場所、ホッとする場所、心の拠りどころになる人や場所があるということは、ココロの安定に大きく影響します。

何かあったとき、「あの人が見守っていてくれる」「あの人だけは自分の味方だ」「あの人は私を認めてくれている」「あの人は私を必要としていてくれる」「あの人がいてくれれば……」「あそこへ行けば……」と思える人や場所をもっていると、苦難を乗り越えていく力強い原動力になります。

また、本当の意味でスピリチュアリティ（霊性）を獲得できていれば、自分のすべてを超えた大きな存在に守られているという安心感を得られますが、この境地に達するのはそう簡単なことではありません。

このように、いわゆるココロの支えがあると、日頃の気持ちにゆとりが生まれ、ストレスに対して抵抗力が高まります。何か起きても冷静に対処できるので、大きなダメージを受けずにすむのです。気持ちが安定すれば、イライラも起きにくくなります。

しかし、こうしたすばらしい居場所は、天から降ってくるわけでも、運のいい人だけがもっているわけでもなく、努力すれば誰でも得られるものです。

自分にとって心地のいい居場所というのは、試行錯誤のコミュニケーションの末、やっと手に入れられる頑張ったご褒美のようなものです。何の苦労もなく楽しんでいるようにみえる人は、ある時期一生懸命頑張ったことをまわりにみせていないだけです。

たとえば今の私にとっての居場所は、母と亡き父と南の島その他ですが、母との関係は父の死がきっかけになって、壮絶な修羅場のすえ劇的に改善しました。カウンセラーになる前でしたから、直接ぶつかってしまってお互い満身創痍《まんしんそうい》、へとへとになりましたが、おかげで今は望んでいた温かい関係になれたと思っています。

また、南の島は、三十歳を過ぎてから、いろいろ悩みながら一人旅を始めてみつけた自分が素になれる貴重な居場所です。今では珍しくなくなった女性の一人旅は、当初はどこへ行っても自殺志願者じゃないかと警戒され、異様に目立って苦労したものです。

それでもめげずに旅行を続け、そのおかげで知り合いも増え、今では楽しい居場所があちこちにできています。

何でも頑張れば、その分ちゃんと返ってきます。もし、頑張っても思うように返ってこないのなら、それは頑張り方が一方的でひとりよがりになっているのではないか、と今の私なら考えます。もし相手のあることなら、相手がわかってくれるような表現ができるように工夫するでしょう。

コミュニケーションとは、発信する側に多く責任があるので、自分の想いが伝わらないのは相手が悪いからではなく、わかるように伝えられていない自分の表現不足が原因だと思ってほぼ間違いありません。

こんなふうに努力を積み重ねていけば、あなたのコミュニケーション能力はどんどん磨かれ、あなた自身もあなたをとりまく人間関係もどんどん豊かになっていくでしょう。

そして、そんな自分を愛しく思い、自分の内側に「愛」を感じられるようになれば、それこそがまさに本当の「居場所」なのだと思います。

居場所ができてココロが満たされれば、自然とイライラも少なくなり、代わりにワクワクした毎日が過ごせるようになります。

私は、イライラをコントロールするには居場所をもつこと、そのためにはコミュニケーションが必須であると信じています。

あとがき

カウンセリングをするために心理を学ぶことは欠かせませんが、私にとって心理の勉強は、今や仕事を超えて最大の趣味になってしまいました。

ココロのしくみは知れば知るほど奥が深くておもしろく、実際に役立つことばかりです。私自身、本当にもっと早く知っていればと思うことの連続です。

どれもこれももっと早く知ってさえいればこんなに苦労しなかったのに。もっと有益なエネルギーの使い方があったのに。今はそんな思いから、カウンセリングだけでなく、勉強会やセミナーなど、もともと苦手な講師の仕事も進んで引き受けるようにしています。

怒りについては、仕事としても私個人としても、とても興味がありました。

しかし、心理療法にはいろいろな流派があり、それぞれの怒りに対するアプローチはどれもナルホドと思えるのですが、学問の常か、なかなか横にはつながっていきません。あちこちで役に立ちそうなことを言っているのに、どうにもバラバラでまとまっていない感が否めませんでした。

そこで、私は自分なりに「怒り」についての心理療法の説明を集めてまとめてみようと思いました。

それぞれの分野の専門家のなかには、もしかしたら不愉快に思われる方もいらっしゃるかもしれず、こうした本を出すのは多少なりとも勇気が要りました。

しかし、私自身いろいろなセミナーに出るなか、高名な先生方が「役に立つならなんでも使う」とおっしゃるのを何度も耳にして、こんな本もあっていいのではないだろうかと思い至りました。

私は、カウンセリングでもセミナーでも、最終的にはいろいろな視点でものを考えられるようになることを目指しています。また、「選択肢は多いほうがいい」ともよく言います。

だったら、怒りについても、いろいろなアプローチを紹介し、好きなものを選べるようにしたほうが困っている人には役に立つのではないかと思いました。

早速セミナーで「怒りのコントロール」を試してみたところ、想像以上に反響がありました。「ストレス・マネジメント」のセミナーでも、怒りの話題になると受講生の関心が急に寄ってくるのがわかります。

それだけ普段から何かしらの怒り、たとえばイライラや違和感などを感じている人が多いということだと思います。けれども、その苛立ちをどう扱っていいのかわからないという人も多いということでしょう。

もともと、いくら怒りの問題を抱えているからといって、実際にカウンセリングを受けたり専門書を読み比べたりする人はとても少ないと思います。

だからこそ、私は誰にでもわかりやすく読みやすい「怒り」についての本を書きたかったのです。

ココロのしくみは、知れば知るほどストレスの予防になります。

ココロを知ることは自分を知ること。知れば知るほどまだ知らない自分を知りたくなって、そんな自分のことが愛おしくなってきます。

そして、正しい知識は、意味のない妄想や不安に陥ることを防いでくれます。

この本が、少しでもみなさまの怒りを軽減することに役立ってくれますように……。世の中のイライラが少しでも減って、その分ワクワクがやってきますように……。もっとココロとココロのつながりが感じられるような温かい社会になりますように……。

最後に、いつもこの世とあの世から温かく見守ってくれている両親と私にかかわるすべての人々に心から感謝いたします。

幻冬舎新書 114

人はなぜ怒るのか

二〇〇九年一月三十日 第一刷発行
二〇〇九年四月二十五日 第二刷発行

著者 藤井雅子
発行者 見城徹
発行所 株式会社 幻冬舎
〒一五一-〇〇五一 東京都渋谷区千駄ヶ谷四-九-七
電話 〇三-五四一一-六二一一(編集)
〇三-五四一一-六二二二(営業)
振替 〇〇一二〇-八-七六七六四三
ブックデザイン 鈴木成一デザイン室
印刷・製本所 中央精版印刷株式会社

Printed in Japan ISBN978-4-344-98113-3 C0295
ふ-3-1
幻冬舎ホームページアドレス http://www.gentosha.co.jp/
*この本に関するご意見・ご感想をメールでお寄せいただく場合は、comment@gentosha.co.jpまで。